21世纪高等院校财经类规划教材

# 会计学

*KuaiJiXue*

◎ 章新蓉／主编

经济科学出版社
Economic Science Press

图书在版编目（CIP）数据

会计学/章新蓉主编．—北京：经济科学出版社，2012.5（2019.1 重印）
21 世纪高等院校财经类规划教材
ISBN 978 - 7 - 5141 - 1762 - 2

Ⅰ.①会… Ⅱ.①章… Ⅲ.①会计学 - 高等学校 - 教材 Ⅳ.①F230

中国版本图书馆 CIP 数据核字（2012）第 060874 号

责任编辑：刘明晖　李　军
责任校对：郑淑艳
版式设计：代小卫
技术编辑：王世伟

## 会 计 学

章新蓉　主编

经济科学出版社出版、发行　新华书店经销
社址：北京市海淀区阜成路甲 28 号　邮编：100142
总编部电话：88191217　发行部电话：88191540
网址：www.esp.com.cn
电子邮件：esp@esp.com.cn
固安华明印业有限公司印装
787×1092　16 开　11.5 印张　200000 字
2012 年 8 月第 1 版　2019 年 1 月第 8 次印刷
ISBN 978 - 7 - 5141 - 1762 - 2　定价：28.00 元
（图书出现印装问题，本社负责调换）
（版权所有　翻印必究）

# 前　言

《会计学》是教育部规定的我国高等院校经济管理类学生必修的学科基础课程，其教材是针对高校非会计专业的经济管理类学生编写的，以引导非会计专业学生对经济活动的会计问题进行思考。学生在了解会计信息生成的基本理论和方法后，重点学会对会计信息的解读、分析和利用。其内容涵盖了"基础会计"、"中级财务会计"和"财务分析"三大模块。其中，第一大模块为基础会计知识，主要包括总论、会计信息生成方法；第二大模块为会计实务的内容，主要是以制造业的经济活动为例说明会计核算方法的运用，包括筹资活动、经营活动、对外投资、经营成果的形成与分配等内容的核算；第三大模块是财务会计报表编制及财务报表分析。本教材吸收了近年来会计理论发展、我国会计准则改革的最新内容，知识涵盖面广，突出实务，具有较好的应用性、实践性和可操作性，各章均配有典型的例题及案例思考题，便于学生掌握和理解所学内容。

在本教材的编写过程中，力求体现以下特色：

1. 观点创新。以往的《会计学》教材较少考虑非会计专业学生的特殊性，本教材以会计信息的解读、分析及利用为主线，注重培养学生掌握分析和运用会计信息并进行相关决策的综合能力。

2. 动态性。紧密结合我国会计改革中出现的若干新举措进行内容更新和知识拓展，严格遵循最新颁布的相关会计准则，以具体会计准则的主要精神进行阐释。

3. 结构合理、重点突出。本教材按照培养非会计专业学生分析和解决会计问题的综合能力为目标，设计和安排了"三大模块"的内容，在体系结构上具有完整性；同时，强化和突出了对会计信息的分析、运用部分的知识，不惜笔墨，讲精讲透，突出重点。

# 会 计 学

4. 突出教材的实用性，着力培养学生的实务技能。针对非会计专业学生的特点，我们必须处理好会计理论与会计实务的关系，重点在于培养学生的实务能力，理论以必须够用为限，简明扼要，而对业务方法运用要具体详细，使学生获得会计应用能力、学习能力和专业的职业素养。

本教材由章新蓉教授主编，负责大纲的编写并对全书进行了总纂和审定，各章的执笔人如下：第一章和第八章由陈煦江副教授执笔，第二章由章新蓉教授执笔，第三章至第六章由余伦芳副教授执笔，第七章由刘淑蓉副教授执笔。

我们希望本教材能够使主讲教师充分发挥主观能动性，扩大课堂信息量，同时帮助读者学到实用会计实务技能和理论知识。但限于编写时间和作者的水平，难免有不当之处，恳请读者批评指正。

编　者

2012 年 8 月

# 目 录

## 第一章 概论 ······ 1
- 第一节 会计目标 ······ 1
- 第二节 会计核算的基本前提 ······ 7
- 第三节 会计信息质量特征 ······ 10
- 第四节 会计要素 ······ 14
- 第五节 会计规范 ······ 23
- 案例思考 ······ 26

## 第二章 会计信息生成方法 ······ 29
- 第一节 会计循环 ······ 29
- 第二节 会计科目与账户 ······ 30
- 第三节 复式记账 ······ 35
- 第四节 会计凭证 ······ 49
- 第五节 会计账簿 ······ 57
- 第六节 财产清查 ······ 69
- 第七节 会计报表 ······ 85
- 案例思考 ······ 86

## 第三章 筹资活动会计核算 ······ 88
- 第一节 投资者投入的核算 ······ 88
- 第二节 借入资金的核算 ······ 90
- 案例思考 ······ 92

## 第四章 经营活动的核算 ······ 93
- 第一节 固定资产购建的核算 ······ 93

第二节　材料购进的核算 …………………………………… 96
　　第三节　生产产品的核算 …………………………………… 101
　　第四节　销售业务的核算 …………………………………… 107
　　**案例思考** …………………………………………………… 112

## 第五章　对外投资的核算　113
　　第一节　交易性金融资产的核算 …………………………… 113
　　第二节　长期股权投资的核算 ……………………………… 117
　　**案例思考** …………………………………………………… 120

## 第六章　经营成果的形成与分配　121
　　第一节　利润构成及计算 …………………………………… 121
　　第二节　营业外收支的核算 ………………………………… 122
　　第三节　净利润形成的核算 ………………………………… 124
　　第四节　利润分配的核算 …………………………………… 126
　　**案例思考** …………………………………………………… 128

## 第七章　财务报表列报　129
　　第一节　资产负债表的编制 ………………………………… 129
　　第二节　利润表 ……………………………………………… 137
　　第三节　现金流量表 ………………………………………… 145
　　第四节　所有者权益变动表 ………………………………… 153
　　第五节　附注 ………………………………………………… 156
　　**案例思考** …………………………………………………… 157

## 第八章　财务报表分析　160
　　第一节　财务报表分析概述 ………………………………… 160
　　第二节　基本的财务比率分析 ……………………………… 163
　　**案例思考** …………………………………………………… 170

# 第一章 概 论

**【本章学习目标】** 本章是以后各章节的基础，主要讲述了会计的概念、目标、基本前提、职能、对象、会计要素、会计等式等核心概念，以及会计规范等相关内容。本章学习的目标在于理解会计的概念、目标、基本前提和对象，掌握资产、负债、所有者权益、收入、费用和利润六大会计要素的定义及其主要分类，理解会计信息质量要求、会计确认基础和计量属性，并对会计规范等内容有所了解，为本书以后章节的学习打下理论基础。

## 第一节 会计目标

会计目标是指会计工作所要达到的目的。会计是以货币为主要计量单位，并利用专门的方法和程序对企业和行政事业单位的经济活动进行完整的、连续的、系统的核算和监督，旨在考核受托人的责任，并为有关决策人提供会计信息的一项管理活动。理解会计目标首先需要明确会计的本质和职能。

### 一、会计本质

会计本质即对会计是什么的认识，目前主要是从以下两个视角来理解的：

一是从企业管理活动范畴来看，会计是一种管理活动。在生产活动中，为了获得一定的劳动成果，必然要耗费一定的人力、财力和物力，人们既关心劳动成果的多少，又注重劳动耗费的高低，因此，人们在不断革新生产技术的同时，对劳动耗费和劳动成果进行着记录、计算，并加以比较和分析，从而有效地组织和管理生产。会计就是产生于人们对经济活动进行管理的客观需要，并随着加强经济管理、提高经济效益的要求而发展。因此，基于上述含义的"管理活动本质论"，可以将会计定义为：会计是以货币为主要计量单位、反映和监督单位经济活动的一种经济管理工作。

二是从会计生成财务信息的环节、过程、结果与目标的系统化过程来看，会计是一个信息系统。会计信息是企事业单位最重要的经济信息,它能够连续、系统、全面、综合地反映和监督企业的经营状况,并为投资者、债权人等外部利益相关者和企业管理层等内部利益相关者提供"对决策有用的"重要依据,因此,可以将会计理解为一个信息系统。这种观点被称为"信息系统本质论"。在现代科学技术的背景下,会计信息系统的反映主要以计算机、网络为主要工具,对各种经营业务数据进行收集、记录、存储、处理与输出,并完成对会计信息的分析,向使用者提供相关可靠的会计信息,辅助他们管理、预测和决策,提高企业管理水平和经济效益。

此外,会计按其服务的主要对象不同,又有财务会计与管理会计之分。财务会计主要向企业外部关系人提供有关企业的财务状况、经营成果和现金流量情况等信息,即财务会计侧重于过去信息,主要为外部有关各方提供投资决策等所需的财务数据。管理会计主要向企业内部管理者提供进行经营规划、经营管理、预测决策所需的相关信息,但管理会计侧重于未来信息,主要为内部管理部门提供管理决策所需的财务数据。

对会计基本理论的理解,要求我们思考这样几个具有递进逻辑关系的问题:会计到底为哪些人提供信息,即主要有哪些群体会关注企业的财务报告?企业要提供这些会计信息,客观上要受到一些条件的限制,那么企业应当在什么样的前提下提供这些会计信息?提供的这些会计信息需要满足哪些质量特征才能保障对信息使用者的决策是有用的?企业具体又能够提供哪些内容的会计信息?这些信息又是如何加工出来并报送出去的?上述五个问题依次对应着会计目标、会计核算的基本前提、会计信息质量要求、会计要素、会计要素的确认与计量及报告等核心概念,这些概念基于上述逻辑关系形成一个有机的框架体系,这一体系被称为财务会计概念框架。

## 二、会计职能

会计的本质决定了会计具有区别其他学科的特殊职能。会计的职能是会计在经济管理过程中所具有的功能。会计的基本职能包括进行会计核算和会计监督两个方面。

### (一) 会计核算职能

会计核算贯穿于经济活动的全过程,是会计最基本的职能,也称反映职能。它是指会计以货币为主要计量单位,对特定主体的经济活动进行确认、计量、记录和报告,为有关各方提供会计信息。会计核算职能具有以下三个特点:

# 第一章 概论

**1. 以货币为主要计量尺度，具有综合性**

会计对核算的内容，需要运用到多种计量尺度，包括实物尺度（如公斤、吨、件等）、劳动尺度（如工时、工日等）和货币尺度，但是以货币尺度为主。实物尺度和劳动尺度能够具体反映各项财产、物资的增减变动和生产过程中的劳动消耗，对核算和经济管理都是必要的，但这两种尺度都不能综合反映会计的内容，而综合是会计的一个主要特点。会计以货币作为综合计量尺度，通过会计的记录就可以全面地、系统地反映和监督企业、行政单位和事业单位的财产物资财务收支、生产过程中的劳动消耗和成果，并计算出最终财务成果。所以，在会计核算过程中已经运用了实物尺度和劳动尺度进行记录，还必须以货币尺度综合地加以反映。例如，在会计实务中数量金额式明细账的运用、财务报告中同时列示财务报表内的项目金额和财务报表外的实物附注等都体现了这一特点。

**2. 具有完整性、连续性和系统性**

会计对经济业务的核算必须是完整、连续和系统的。所谓完整，是指会计核算对属于会计内容的全部经济业务都必须加以记录，不允许遗漏其中的任何一项。所谓连续，是指对各种经济业务应按其发生的时间顺序地、不间断地进行记录和核算。所谓系统，是指对各种经济业务要进行分类核算和综合核算，并对会计资料进行加工整理，以取得系统的会计信息。在经济业务发生后，会计需要完整、连续和系统地填制原始凭证和记账凭证，编制会计报表等，都体现了这一特点。

**3. 严格遵循会计规范**

会计记录和会计信息讲求真实性和可靠性，这就要求企业、行政单位和事业单位发生的一切经济业务都必须取得或填制合法的凭证，以凭证为依据进行核算。在会计核算的各个阶段都必须严格遵循会计规范，包括会计准则和会计制度，以保证会计记录和会计信息的真实性、可靠性和一致性。

## （二）会计监督职能

会计监督职能也称控制职能，是指对特定主体经济活动和相关会计核算的合法性、合理性进行审查，即以一定的标准和要求，利用会计所提供的信息对各单位的经济活动进行有效的指导、控制和调节，以达到预期的目的。会计监督职能具有以下三个特点：

**1. 会计监督与会计核算同时进行，因此具有基础性、完整性和连续性**

会计监督贯穿于企业经济活动全过程，不但反映企业发生的各项经济活动，还审查它们是否符合法律、制度、规定和计划，从而全面完整地监督每一项经济活动。它是外部监督的基础，其他监督形式都是在会计监督之后借助会计已监督过的资料进行再监督。

**2. 会计监督主要利用各种价值指标，以财务活动为主，具有综合性**

会计主要使用货币度量，并利用资产、负债、所有者权益、收入、费用和利润等指标，综合反映经济活动的过程和结果，也就可以利用这些指标总体监督经济活动。

**3. 以国家的财经纪律和法规为约束，具有强制性和严肃性**

会计监督是借助国家的财经法规和财经纪律所赋予的权力，因此，这种监督具有强制性。《会计法》不仅赋予会计人员实行监督的权力，而且规定了被检查单位必须如实提供会计凭证、会计账簿、财务会计报告、其他会计资料以及有关情况，如有拒绝、隐匿、谎报等情况，则属违法行为，应当承担法律责任。

会计核算与会计监督这两项基本会计职能是相辅相成、辩证统一的关系。会计核算是会计监督的基础，没有核算所提供的各种信息，监督就失去了依据；而会计监督又是会计核算的保障，如果只有核算而没有监督，就难以保证核算所提供会计信息的合法性、真实性与可靠性。

除具有核算和监督两项基本职能外，会计还具有预测经济前景、参与经济决策、计划组织以及绩效评价等其他职能。随着生产水平的日益提高、社会经济关系的日益复杂和会计理论的不断深化，会计所发挥的作用日益重要，其职能也在不断丰富和发展，会计的职能将随着经济的发展而不断发展变化。

## 三、会计目标

会计目标是会计信息系统整体运行和发挥其职能的方向和归宿，是整个会计工作的目的所在。我国《企业会计准则——基本准则》第四条规定：财务会计报告的目标是向财务会计报告使用者提供与企业财务状况、经营成果和现金流量等有关的会计信息；反映企业管理层受托责任履行情况，有助于财务会计报告使用者做出经济决策。前分句表明我国企业会计准则是以会计信息系统论为主要观点，后分句表明我国会计准则也适当兼顾了管理活动论要求会计对企业所有者履行会计受托责任的观点。从会计是一个信息系统的角度来看，会计的目标就是向会计信息使用者提供有助于其经济决策的会计信息。这就涉及与会计目标直接相关的一个重要问题：谁是会计信息的使用者？一般而言，会计信息的使用者或企业的利益相关者主要包括以下几类。

**（一）投资者或潜在投资者**

投资者即为企业的所有者。就上市公司而言，投资者是现有股东，潜在投资

# 第一章 概论

者是那些愿意购买公司股票的个人或机构。投资者或潜在投资者在做出投资决策时，需要了解和掌握企业的经营状况、投资回报、企业发展前景等有关信息。假定你持有某公司 10 000 股股票，买入价为每股 10 元，那么你就是该公司的投资者，你能不关心这只股票的涨跌吗？如果某交易日为每股 5 元，你是卖掉再买入另外一家的股票，还是持有一段时间？对这一问题做出决策需要多方面的信息，包括国家宏观经济政策、投资者心理预期等都会对股价产生影响等。其中，上市公司的财务报表所披露的信息是投资者评价上市公司业绩最主要的信息来源。

通过分析会计报表信息，投资者可以了解和掌握管理当局所保管及运用的经济资源的情况、企业支付股息红利及还本付息的能力、企业资产的增值及现金流量的大小，以便评估管理当局达到经营目标的能力、投资的内在风险和投资报酬，适时改变投资方向或更换经理人。一个理性的投资者应主要借助会计信息做出决策。现在许多证券分析师和咨询机构通过综合分析，往往可以从财务报告中获取更多有用的信息，并在进行行情分析时加进他们的咨询意见或看法，为普通投资者的决策提供参考。

## （二）债权人或潜在债权人

银行和供应商（赊销商）等债权人为企业提供贷款和其他信用，需要了解和掌握企业是否能够定期付息，是否能够偿还到期贷款本金和商业债务等有关财务信息。例如，某公司希望新建一条生产线，扩大生产规模，开发新的产品，需要借入一笔资金。经公司董事会批准，该公司拟向商业银行借款 5 000 万元，期限 5 年。商业银行在接到该公司的贷款申请后就需要对其经营状况进行评估，通常会考虑以下问题：公司的财务状况是否良好？公司的长期经营能力如何？贷款到期时，公司是否有足够的现金用于偿债？可见，银行和赊销商等债权人需要了解企业的短期偿债能力和长期偿债能力；需要评价企业的未来现金流量信息。原因在于，虽然有时企业获利情况良好，但因企业扩充过度，资金占用在非流动资产上，或有些企业的利润虽高但现金流出超过现金流入可能会产生资金周转困难。企业资产若失去流动性，债权人的权益将受到影响。这些都需要银行去借助于会计信息来进行分析。

## （三）政府机构

政府机构包括中央政府和地方政府及其职能部门，它们要进行宏观管理和调控，要对产品、金融和资本等各类市场进行监督和调节。这种宏观调控作用主要表现在：政府相关机构要考核和监督国民经济的总体运行情况，从而制定正确、合理、有效的调控和管理措施，促进国民经济协调有序发展。例如，税务部门要以会计信息为依据向企业征税，保证国家的财政收入；统计部门要汇总分析各单位、各行业、各地区的经营情况和发展趋势，保证国民经济数据的完整性与真实性；工商部门要对企业的生产经营进行定期核查，保证企业合法经营，等等。这些在很大程度上需要会计系统提供的信息，由政府相关部门进行汇总分析，为宏观经济决策服务。

### （四）公司管理层

公司管理层在经营中需要随时了解和掌握企业的财务信息，包括资产运用与分布、成本发生、经济效益实现、资本运营、对外投资、经营业绩等方面的信息。公司管理层不仅需要借助于会计信息对日常经营活动进行管理和控制，还需要借助于会计信息进行科学的经营决策和管理决策。例如，上述某公司新建一条生产线的例子，该公司管理层在决定开发这一项目之前，就必须对以下问题进行科学决策：这一生产线项目的前期开发成本是多少？这条生产线的生产能力如何？市场潜力有多大？需要多长时间才能使公司盈利？可能的盈利水平有多高？到期处置收益如何？等等，这些问题的有效解决均主要取决于对会计信息的充分运用。

### （五）供应商与客户

任何企业都是处于至少一条供应链中的某个环节。对于一个企业的供应商来说，企业经营的稳定持久显然具有重要意义，这不仅保证了企业有了一个稳定的客户群，同时也保证了它的销售资金的回笼。因此供应商往往需要借助于会计了解企业的经营状况，以便于制订其产销计划和赊销制度等。而对于企业的客户来说，需要借助于会计信息来确定企业的产品供应是否稳定，特别是需要借助于会计信息确定企业的财务状况是否可靠。作为客户，关注企业的会计信息有时候会非常重要，如果企业因经营不善突然停产或因其他原因不能再采购它所生产的材料，那么这种突然中断采购的行为极有可能导致生产活动的瘫痪。近年来我国东部地区发生的民营企业资金链断裂、无力偿还债务、企业经营困难等问题就与此有关。

### （六）企业职工和其他利益相关者

企业职工和其他利益相关者依赖于企业或与企业有一定的联系，需要获得企业稳健发展和获利能力的资料。具体来讲，企业职工需要了解企业目标的实现、能提供的报酬、企业发展的前景、对职工的吸引力等；社会公众关心企业能以哪种方式对当地做出贡献，如给当地提供就业机会的能力、对环境的保护情况等。

第一章 概　论

综上所述，可以将会计目标进一步理解为：会计目标是利用会计信息系统的加工与生成的会计信息，向企业的投资者、债权人、政府机构等利益相关者提供有关企业财务状况、经营成果、现金流量与所有者权益变动状况等方面的对决策有用的会计信息，并客观地反映企业管理层受托责任的履行情况。

## 第二节　会计核算的基本前提

会计核算的基本前提常被称为会计假设，它是企业会计确认、计量和报告的基本前提，是对会计核算所处时间、空间环境等所作的合理设定。会计信息只能在这些假设条件下才可能合理提供。在我国，会计核算的基本前提包括会计主体、持续经营、会计分期和货币计量，它们分别对会计核算的空间范围、总体时间、具体时段与计量手段四个方面做出了合理假定。

### 一、会计主体

会计主体是指企业会计确认、计量和报告的空间范围。为了向财务报告使用者反映企业财务状况、经营成果和现金流量，提供对其决策有用的信息，会计核算和财务报告的编制应当集中反映特定对象的活动，并将其与其他经济实体区别开来，才能实现会计目标。

在会计主体假设下，企业应当对其本身发生的交易或者事项进行会计确认、计量和报告，反映企业本身所从事的各项生产经营活动。明确界定会计主体，是开展会计确认、计量和报告工作的重要前提。

明确会计主体，才能划定会计所要处理的各项交易或事项的范围。在会计工作中，只有那些影响企业本身经济利益的各项交易或事项才能加以确认、计量和报告，那些不影响企业本身经济利益的各项交易或事项则不能加以确认、计量和报告。会计中所讲的资产与负债的确认、收入的实现、费用的发生等，都是针对特定会计主体而言的。

明确会计主体，才能将会计主体的交易或者事项与会计主体所有者的交易或者事项以及其他会计主体的交易或者事项区分开来。例如，企业所有者的经济交易或者事项是属于企业所有者主体所发生的，不应纳入企业会计核算的范围，但是企业所有者投入到企业的资本或者企业向所有者分配的利润，则属于企业主体所发生的交易或者事项，应当纳入企业会计核算的范围。

明确会计主体，才能正确地区分会计主体和法律主体。一般来说，法律主体必然是一个会计主体。例如，一个企业作为一个法律主体，应当建立财务会计系统，独立反映其财务状况、经营成果和现金流量。但是，会计主体不一定是法律主体。例如，在企业集团中，一个母公司拥有若干子公司，母子公司虽然是不同的法律主体，但是母公司对于子公司拥有控制权，为了全面反映企业集团的财务状况、经营成果和现金流量，就有必要将企业集团作为一个会计主体，编制合并财务报表，反映整个集团的会计信息。

## 二、持续经营

持续经营是指在可以预见的将来，企业将会按当前的规模和状态继续经营下去，不会停业，也不会大规模削减业务。在持续经营前提下，会计确认、计量和报告应当以企业持续、正常的生产经营活动为前提。

企业是否持续经营，在会计原则和会计方法的选择上有很大差别。一般情况下，应当假定企业将会按照当前的规模和状态继续经营下去。明确这个基本假设，就意味着会计主体将按照既定用途使用资产，按照既定的合约条件清偿债务，会计人员就可以在此基础上选择会计原则和会计方法。

如果判断企业会持续经营，就可以假定企业的固定资产会在持续经营的生产经营过程中长期发挥作用，并服务于生产经营过程，机器设备等固定资产就可以根据实际发生的成本（历史成本）进行记录，并采用折旧的方法进行分期摊销，将历史成本分摊到各个会计期间或相关产品的成本中；如果判断企业不会持续经营，固定资产就不应采用历史成本进行记录，并按期计提折旧。

例如，某企业购入一条生产线，预计使用寿命为10年，考虑到企业将会持续经营下去，因此可以假定企业的固定资产会在持续经营的生产经营过程中长期发挥作用，并服务于生产经营过程，即不断地为企业生产产品，直至生产线使用寿命结束。为此，固定资产就应当根据历史成本进行记录，并采用适当的折旧方法，将实际成本分摊到预计使用寿命期间所生产的相关产品成本中去。

需要说明的是，如果一个企业在不能持续经营时还假定企业能够持续经营，并按持续经营基本假设选择会计确认、计量和报告原则与方法，就不能客观地反映企业的财务状况、经营成果和现金流量，会误导会计信息使用者的经济决策。

## 三、会计分期

根据上述持续经营假设，一个企业将按当前的规模和状态持续经营下去。但是，无论是企业的生产经营决策还是投资者、债权人等的决策，都需要及时的信息，都需要将企业持续的生产经营活动划分为一个个连续的、长短相同的期间，分期确认、计量和报告企业的财务状况、经营成果和现金流量，这就需要进行会计分期假设。

会计分期是指将一个企业持续经营的生产经营活动划分为一个个连续的、长短相同的期间。会计分期的目的在于通过会计期间的划分，将持续经营的生产经营活动划分成连续、相等的期间，据以结算盈亏，按期编报财务报告，从而及时向财务报告使用者提供有关企业财务状况、经营成果和现金流量的信息。

在会计分期假设下，企业应当划分会计期间，分期结算账目和编制财务报告。会计期间通常分为年度和中期。中期是指短于一个完整的会计年度的报告期间，如月度、季度、半年度或其他短于一年的会计期间。

明确会计分期假设意义重大。由于会计分期，才产生了当期与以前期间和以后期间的差别，才使不同类型的会计主体有了记账的基准，进而出现了折旧、摊销、计提等会计处理方法。

## 四、货币计量

货币计量是指会计主体在财务会计确认、计量和报告时，以货币计量反映会计主体的生产经营活动。

在会计的确认、计量和报告过程中之所以选择货币为基础进行计量，是由货币的本身属性决定的。货币是商品的一般等价物，是衡量一般商品价值的共同尺度，具有价值尺度、流通手段、储藏手段和支付手段等特点。其他计量单位如重量、长度、容积、台、件等，只能从一个侧面反映企业的生产经营情况，无法在量上进行汇总和比较，不便于会计计量和经营管理。只有选择货币尺度进行计量，才能充分反映企业的生产经营情况，所以，基本准则规定，会计确认、计量和报告选择货币作为计量单位。

货币计量假设的目的在于保障会计计量手段的统一性和便于汇总的特点，因此，除了要求以货币为计量单位之外，还要求假定币值不变。例如，假定2000年的1元库存现金与2012年的1元库存现金的购买力是相同的，即二者一样值钱，未受到通货膨胀的较大影响。

国内大多数企业的经济业务主要是以人民币结算的，因此应当以人民币作为记账货币，会计上称作本位币。在有些情况下，统一采用货币计量也有缺陷，某些影响企业财务状况和经营成果的因素，如企业经营战略、研发能力、市场竞争力等，往往难以用货币来计量，但这些信息对使用者的决策也很重要，企业可以在财务报告中补充披露有关非财务信息来弥补上述缺陷。

需要注意的是，我们所学的会计学课程中的业务核算均是以上述四大假设为前提的。如果现实中存在不满足某一假设的情况，可以通过今后的高级财务会计学解决。例如企业合并报表业务突破了单一会计主体的假设，但可以通过合并报表业务的处理进行解决。

## 第三节　会计信息质量特征

会计信息质量特征是对企业财务报告中所提供会计信息质量的基本要求，是使财务报告中所提供会计信息有助于投资者等信息使用者的决策所应具备的基本特征。目前我国《企业会计准则——基本准则》规定的会计信息质量特征有八个：可靠性、相关性、可理解性、可比性、实质重于形式、重要性、谨慎性和及时性。

### 一、可靠性

可靠性要求企业应当以实际发生的交易或者事项为依据进行确认、计量和报告，如实反映符合确认和计量要求的各项会计要素及其他相关信息，保证会计信息真实可靠、内容完整。

会计信息要有用，必须以可靠为基础。如果财务报告所提供的会计信息是不可靠的，就会给投资者等会计信息使用者的决策产生误导甚至损失。为了贯彻可靠性要求，企业应当做到以下几点：一是以实际发生的交易或者事项为依据进行确认和计量，将符合会计要素定义及其确认条件的资产、负债、所有者权益、收入、费用和利润等如实反映在财务报表中，不得根据虚构的、没有发生的或者尚未发生的交易或者事项进行确认、计量和报告。二是尽可能保证会计信息的完整性，其中包括应当编报的报表及其附注内容等应当保持完整，不能随意遗漏或者减少应予披露的信息，与使用者决策相关的有用信息都应当充分披露等。三是包括在财务报告中的会计信息应当是中立的、无偏的。如果企业在财务报告中为了达到事先设定的结果或效果，通过选择或列示有关会计信息以影响决策和判断的，这样的财务报告信息就不是中立的。

例如，某公司于2012年年末发现公司销售萎缩，无法实现年初确定的销售收入目标，但考虑到在2013年春节前后公司销售可能会出现较大幅度的增长，公司为此提前预计库存商品销售，在2012年年末制作了若干存货出库凭证，并确认销售收入实现。公司的这种处理不是以其实际发生的交易事项为依据的，而是虚构的交易事项，违背了会计信息质量要求的可靠性原则，也违背了我国会计法的规定。

## 第一章 概　论

### 二、相关性

相关性要求企业提供的会计信息应当与投资者等财务报告使用者的经济决策需要相关，有助于投资者等财务报告使用者对企业过去、现在或者未来的情况做出评价或者预测。

会计信息是否有用，是否具有价值，关键是看其与使用者的决策需要是否相关，是否有助于决策或者提高决策水平。相关的会计信息应当能够有助于使用者评价企业过去的决策，证实或者修正过去的有关预测，因而具有反馈价值。相关的会计信息还应当具有预测价值，有助于使用者根据财务报告所提供的会计信息预测企业未来的财务状况、经营成果和现金流量。例如，区分流动资产和非流动资产、流动负债和非流动负债，以及适度引入公允价值等，都可以提高会计信息的预测价值，进而提升会计信息的相关性。

会计信息质量的相关性要求，需要企业在确认、计量和报告会计信息的过程中充分考虑使用者的决策模式和信息需要。

### 三、可理解性

可理解性要求企业提供的会计信息应当清晰明了，便于投资者等财务报告使用者理解和使用。

企业编制财务报告、提供会计信息的目的在于使用，而要使使用者有效使用会计信息，应当能让其了解会计信息的内涵，弄懂会计信息的内容。这就要求财务报告所提供的会计信息应当清晰明了，易于理解。只有这样，才能提高会计信息的有用性，实现财务报告的目标，满足向投资者等财务报告使用者提供决策有用信息的要求。

会计信息毕竟是一种专业性较强的信息产品，在强调会计信息的可理解性要求的同时，还应假定使用者具有一定的有关企业经营活动和会计方面的知识，并且愿意付出努力去研究这些信息。对于某些复杂的信息，如交易本身较为复杂或者会计处理较为复杂，但其对使用者的经济决策相关的，企业就应当在财务报告中予以充分披露。

### 四、可比性

可比性要求企业提供的会计信息应当相互可比。这包括两层含义：

一是同一企业不同时期可比。为了便于投资者等财务报告使用者了解企业财务状况、经营成果和现金流量的变化趋势，比较企业在不同时期的财务报告信息，全面、客观地评价过去和预测未来，从而做出决策。会计信息质量的可比性要求同一企业不同时期发生的相同或者相似的交易或者事项应当采用一致的会计政策，不得随意变更。但是，满足会计信息可比性要求并非表明企业不得变更会计政策，如果按照规定或者在会计政策变更后可以提供更可靠、更相关的会计信息，可以变更会计政策。有关会计政策变更的情况，应当在附注中予以说明。

二是不同企业相同会计期间可比。为了便于投资者等财务报告使用者评价不同企业的财务状况、经营成果和现金流量及其变动情况，会计信息质量的可比性要求不同企业同一会计期间发生的相同或者相似的交易或者事项应当采用规定的会计政策，确保会计信息口径一致、相互可比，以使不同企业按照一致的确认、计量和报告要求提供有关会计信息。

## 五、实质重于形式

实质重于形式要求企业应当按照交易或者事项的经济实质进行会计确认、计量和报告，不仅仅以交易或者事项的法律形式为依据。

企业发生的交易或事项在多数情况下其经济实质和法律形式是一致的，但在有些情况下会出现不一致。例如，以融资租赁方式租入的资产虽然从法律形式来讲企业并不拥有其所有权，但是由于租赁合同中规定的租赁期相当长，接近于该资产的使用寿命，租赁期结束时承租企业有优先购买该资产的选择权，在租赁期内承租企业有权支配资产并从中受益等，因此，从其经济实质来看，企业能够控制融资租入资产所创造的未来经济利益，在会计确认、计量和报告上就应当将以融资租赁方式租入的资产视为企业的资产，列入企业的资产负债表。又如，企业按照销售合同销售商品但又签订了售后回购协议，虽然从法律形式上实现了收入，但如果企业没有将商品所有权上的主要风险和报酬转移给购货方，没有满足收入确认的各项条件，即使签订了商品销售合同或者已将商品交付给购货方，也不应当确认销售收入。

## 六、重要性

重要性要求企业提供的会计信息应当反映与企业财务状况、经营成果和现金流量有关的所有重要交易或者事项。

在实务中，如果会计信息的省略或者错报会影响投资者等财务报告使用者据此做出决策的,该信息就具有重要性。重要性的应用需要依赖职业判断,企业应当根据其所处环境和实际情况,从项目的性质和金额大小两方面加以判断。

例如,我国上市公司要求对外提供季度财务报告,考虑到季度财务报告披露的时间较短,从成本效益的原则考虑,季度财务报告没有必要像年度财务报告那样披露详细的附注信息。因此,中期财务报告准则规定,公司季度财务报告附注应当以年初至期末为基础编制,披露自上年度资产负债表日之后发生的,有助于理解企业财务状况、经营成果和现金流量变化情况的重要交易或者事项。这种附注披露就体现了会计信息质量的重要性要求。

## 七、谨慎性

谨慎性要求企业对交易或者事项进行会计确认、计量和报告应当保持应有的谨慎,不应高估资产或者收益、低估负债或者费用。

在市场经济环境下,企业的生产经营活动面临着许多风险和不确定性,如应收款项的可收回性、固定资产的使用寿命、无形资产的使用寿命、售出存货可能发生的退货或者返修等。会计信息质量的谨慎性要求,需要企业在面临不确定性因素的情况下做出职业判断时应当保持应有的谨慎,充分估计到各种风险和损失,既不高估资产或者收益,也不低估负债或者费用。例如,要求企业对可能发生的资产减值损失计提资产减值准备、对售出商品可能发生的保修义务等确认预计负债等,就体现了会计信息质量的谨慎性要求。

谨慎性的应用也不允许企业设置秘密准备,如果企业故意低估资产或者收益,或者故意高估负债或者费用,将不符合会计信息的可靠性和相关性要求,损害会计信息质量,扭曲企业实际的财务状况和经营成果,从而对使用者的决策产生误导,这是不符合会计准则要求的。

## 八、及时性

及时性要求企业对于已经发生的交易或者事项应当及时进行确认、计量和报告,不得提前或者延后。

会计信息的价值在于帮助所有者或者其他方面做出经济决策,具有时效性。即使是可靠、相关的会计信息,如果不及时提供,就失去了时效性,对于使用者的效用就大大降低,甚至不再具有实际意义。在会计确认、计量和报告过程中贯彻及时性,一是要求及时收集会计信息,即在经济交易或者事项发生后及时收集整理各种原始单据或者凭证;二是要求及时处理会计信息,即按照会计准则的规定及时对经济交易或者事项进行确认或者计量，并编制出财务报告；三是要求及时传递会计信息，即按照国家规定的有关时限，及时地将编制的财务报告传递给财务报告使用者，便于其及时使用和决策。

在实务中，为了及时提供会计信息，可能需要在有关交易或者事项的信息全部获得之前即进行会计处理，这样就满足了会计信息的及时性要求，但可能会影响会计信息的可靠性；反之，如果企业等到与交易或者事项有关的全部信息获得之后再进行会计处理，这样的信息披露可能会由于时效性问题，对于投资者等财务报告使用者决策的有用性将大大降低。这就需要在及时性和可靠性之间作相应权衡，以最好地满足投资者等财务报告使用者的经济决策需要为判断标准。

## 第四节　会计要素

理解会计要素应当首先明确会计对象，因为会计要素是对会计对象从静态和动态两个方面所作的具体分类。

### 一、会计对象

会计对象是指会计核算和监督的内容。会计需要以货币为主要计量单位，对特定主体的经济活动进行核算与监督。从宏观上来说，会计对象是再生产过程中的资金运动；从微观上来说，会计对象是一个单位能够用货币表现的经济活动。因此，会计对象是指会计所核算和监督的内容，即特定主体能够以货币表现的经济活动。以货币表现的经济活动通常又称为价值运动或资金运动。资金运动包括各特定主体的资金投入、资金运用和资金退出等过程，而具体到企业、事业、行政单位又有较大差异。即便同样是企业，工业、农业、商业、交通运输业、建筑业及金融业等，也均有各自资金运动的特点，其中尤以工业企业最具代表性。

工业企业是从事工业产品生产和销售的营利性经济组织。为了从事产品的生产与销售活动，企业必须拥有一定数量的资金用于建造厂房，购买机器设备，购买材料，支付职工工资，支付经营管理中必要的开支等，生产出的产品经过销售后，收回的货款还要补偿生产中的垫付资金，偿还有关债务，上交有关税金等。由此可见，工业企业的资金运动包括资金的投入、资金的循环与周转（包括供应过程、生产过程、销售过程三个阶段）以及资金的退出三部分，既有一定时期内的显著运动状态（表现为收入、费用和利润），又有一定日期的相对静止状态（表现为资产、负债和所有者权益）。

# 第一章　概　论

资金的循环和周转分为供应、生产和销售三个阶段。在供应过程中，企业要购买材料等劳动对象，发生材料买价、运输费、装卸费等材料采购成本，与供应单位发生货款结算关系。在生产过程中，劳动者借助于劳动手段将劳动对象加工成特定的产品，发生的材料消耗费、固定资产磨损的折旧费、工人劳工费等，构成产品使用价值与价值的统一体；同时，还将发生企业与工人之间的工资结算关系，与有关单位之间的劳务结算关系等。在销售过程中，将生产的产品销售出去，发生有关销售费用、收回货款、交纳税金等业务活动，并同购货单位发生货款结算关系，同税务机关发生税务结算关系等。企业获得的销售收入，扣除各项费用后的利润，还要提取盈余公积并向所有者分配利润。

资金的退出包括偿还各项债务、上交各项税费、向所有者分配利润等，这部分资金便离开本企业，退出本企业的资金循环与周转。

上述资金运动的三个阶段，构成了开放式的运动形式，是相互支撑、相互制约的统一体。没有资金的投入，就不会有资金的循环与周转；没有资金的循环与周转，就不会有债务的偿还、税费的上交和利润的分配等；没有这类资金的退出，就不会有新一轮的资金投入，就不会有企业进一步的发展。

上述资金运动呈现出显著的运动状态，同时也具有某一时点上的相对静止状态。仍以工业企业为例：为了维持生产经营活动，企业必须拥有一定量的经济资源（即资产），它们分布在企业生产经营过程的不同阶段（供应、生产和销售等阶段）和不同方面（表现为厂房、机器设备、原材料、在产品、库存商品及货币资金等），我们称之为资金占用。这些经济资源的取得需要通过一定的途径，包括来自投资者投入的资金或是债权人提供的借款等，我们称之为资金的来源。从任一时点上看，资金运动总是处于相对静止的状态，即企业的资金在任一时点上均表现为资金占用和资金来源两方面，这两个方面既相互联系，又相互制约。

## 二、会 计 要 素

### （一）会计要素的概念

为了具体实施会计核算，需要对会计核算和监督的内容进行分类。会计要素是指会计对象是由哪些部分所构成的，是会计对象按经济特征所作的最基本分类，也是会计核算对象的具体化。划分会计要素，有利于清晰地反映产权关系和其他经济关系。企业会计要素分为六大类，即资产、负债、所有者权益、收入、费用和利润。其中，资产、负债和所有者权益三项会计要素主要反映企业的静态财务状况，收入、费用和利润三项会计要素主要反映企业的动态经营成果。

# 会 计 学

前已述及，资金运动具有显著运动状态和相对静止状态。在相对静止状态，企业的资金表现为资金占用和资金来源两方面，其中资金占用的具体表现形式就是企业的资产，资金来源又可分为企业所有者投入资金和债权人投入资金两类。债权人对投入资产的求偿权称为债权人权益，表现为企业的负债；企业所有者对净资产（资产与负债的差额）的所有权称为所有者权益。从一定日期这一相对静止状态来看，资产总额与负债和所有者权益的合计必然相等，由此分离出资产、负债和所有者权益三项表现资金运动静止状态的会计要素。

另外，企业的各项资产经过一定时期的营运将发生一定的耗费，生产出特定种类和数量的产品，产品销售后获得货币收入，收支相抵后确认出当期损益，由此分离出收入、费用及利润三项表现资金运动变动状态的会计要素。

上述资产、负债和所有者权益构成资产负债表的基本框架，收入、费用及利润构成利润表的基本框架，因而这六项会计要素又称为财务报表要素。

## （二）反映财务状况的会计要素

财务状况是指企业一定时期的资产及权益情况，是资金运动相对静止状态时的表现。反映财务状况的会计要素包括资产、负债和所有者权益三项。

**1. 资产**

资产是指企业过去的交易或者事项形成的、由企业拥有或者控制的、预期会给企业带来经济利益的资源。其中，企业过去的交易或者事项包括购买、生产、建造行为或其他交易或者事项，但预期在未来发生的交易或者事项不形成资产；由企业拥有或者控制，是指企业享有某项资源的所有权，或者虽然不享有某项资源的所有权，但该资源能被企业所控制；预期会给企业带来经济利益，是指直接或者间接导致现金和现金等价物流入企业的能力。从现实中看，企业从事生产经营活动必须具备一定的物质资源，如货币资金、厂房场地、机器设备、原材料等，这些都是企业从事生产经营的物质基础，都属于企业的资产。此外，像专利权、商标权等不具有实物形态，但却有助于生产经营活动进行的无形资产，以及企业对其他单位的投资等，也都属于资产。

（1）资产的特征。

一是资产预期会给企业带来经济利益。所谓经济利益，是指直接或间接地流入企业的现金或现金等价物。资产都应能够为企业带来经济利益，企业可以通过收回应收账款和出售库存商品等直接获得经济利益，也可通过对外投资以获得股利或参与分配利润的方式间接获得经济利益。按照这一特征，那些已经没有经济价值、不能给企业带来经济利益的项目，就不能继续确认为企业的资产。例如，某企业的某工序上有两台机床，其中 A 机床型号老旧，自机床投入使用一段时

## 第一章 概 论

期后一直未再使用；B 机床是 A 机床的替代产品，目前承担该工序的全部生产任务。A、B 机床是否都是企业的固定资产？该企业原有的 A 机床已长期闲置不用，不能给企业带来经济利益，因此不应作为资产反映在资产负债表中，但 B 机床是企业的资产。

二是资产是为企业拥有的，或者即使不为企业拥有，也是企业所控制的。一项资源要作为企业资产予以确认，企业应该拥有此项资源的所有权，可以按照自己的意愿使用或处置资产。例如，甲企业的加工车间有两台设备。A 设备是从乙企业融资租入获得，B 设备是从丙企业以经营租入方式获得，目前两台设备均投入使用，为企业产生经济利益。A、B 设备是否均为甲企业的资产？这里要注意经营租入与融资租入的区别。企业对经营租入的 B 设备既没有所有权也没有控制权，因此 B 设备不应确认为企业的资产；而企业对融资租入的 A 设备虽然没有所有权，但享有与所有权相关的风险和报酬的权利，即拥有实际控制权，因此应将 A 设备确认为企业的资产。

三是资产是由过去的交易或事项形成的。也就是说，资产是过去已经发生的交易或事项所产生的结果，资产必须是现实的资产，而不能是预期的资产。未来交易或事项可能产生的结果不能作为资产确认。例如，企业计划在年底购买一批机器设备，8 月份与销售方谈判了购买意向，但实际购买行为发生在 12 月份，则企业不能在 8 月份将该批设备确认为资产。

（2）资产的分类。

资产按其流动性不同分为流动资产和非流动资产。

流动资产是指预计在一个正常营业周期中变现、出售或耗用，或者主要为交易目的而持有，或者预计在资产负债表日起 1 年内（含 1 年）变现的资产，以及自资产负债表日起 1 年内交换其他资产或清偿负债的能力不受限制的现金或现金等价物。流动资产主要包括货币资金、交易性金融资产、应收票据、应收账款、预付款项、应收利息、应收股利、其他应收款和存货等。

非流动资产是指流动资产以外的资产，也称为长期资产，主要包括长期股权投资、固定资产、在建工程、工程物资和无形资产等。

**2. 负债**

负债是指企业过去的交易或者事项形成的预期会导致经济利益流出企业的现时义务。其中，现时义务是指企业在现行条件下已承担的义务，未来发生的交易或者事项形成的义务不属于现时义务，不应当确认为负债；过去的交易或者事项及经济利益的含义与资产要素相同。

（1）负债的特征。

一是负债的清偿预期会导致经济利益流出企业。负债通常是在未来某一时日通过交付资产（包括现金和其他资产）或提供劳务来清偿。例如，企业赊购一批材料，材料已验收入库但尚未付款，该笔业务所形成的应付账款应确认为企业的负债，需要在未来某一时日通过交付现金或银行存款来清偿。有时，企业可以通过承诺新的负债或转化为所有者权益来了结一项现有的负债（债转股），或借新债还旧债等，但最终一般都会导致企业经济利益的流出。

二是负债是由过去的交易或事项形成的现时义务。也就是说，导致负债的交易或事项必须已经发生。例如购置货物或使用劳务会产生应付账款，接受银行贷款则会产生偿还贷款的义务。只有源于已经发生的交易或事项，会计上才有可能确认为负债。所谓现时义务，是指企业在现行条件下已承担的义务。对于企业正在筹划的未来交易或事项，如企业的业务计划等，并不构成企业的负债。

（2）负债的分类。

负债按其流动性不同分为流动负债和非流动负债。

流动负债是指预计在一个正常营业周期中清偿、或者主要为交易目的而持有、或者自资产负债表日起 1 年内（含 1 年）到期应予以清偿、或者企业无权自主地将清偿推迟至资产负债表日后 1 年以上的负债。流动负债主要包括短期借款、应付票据、应付账款、预收款项、应付职工薪酬、应交税费、应付利息、应付股利和其他应付款等。

非流动负债是指流动负债以外的负债，也称为长期负债，主要包括长期借款、应付债券和长期应付款等。

### 3. 所有者权益

所有者权益是指企业资产扣除负债后由所有者享有的剩余权益。股份有限公司的所有者权益又称为股东权益。

企业资产的提供者有两种：债权人和所有者。债权人对企业资产的要求权形成企业的负债，所有者对企业资产的要求权形成企业的所有者权益。所有者权益的来源包括所有者投入的资本、直接计入所有者权益的利得和损失以及留存收益等。所有者权益具有以下特征：一是除非发生减资、清算或分派现金股利，企业不需要偿还所有者权益；二是企业清算时，只有在清偿所有的负债后，所有者权益才返还给所有者；三是所有者凭借所有者权益能够参与企业利润的分配。

在具体分类上，所有者权益包括实收资本（或股本）、资本公积、盈余公积和未分配利润。其中，资本公积包括企业收到投资者出资超过其在注册资本或股本中所占份额的部分，以及直接计入所有者权益的利得和损失等。盈余公积和未分配利润又合称留存收益。

# 第一章 概论

## （三）反映经营成果的会计要素

经营成果是企业在一定时期内从事生产经营活动所取得的最终成果，是资金运动显著变动状态的主要体现。反映经营成果的会计要素包括收入、费用、利润三项。

### 1. 收入

收入是指企业在日常活动中形成的、会导致所有者权益增加的与所有者投入资本无关的经济利益的总流入。主要包括日常活动如销售商品、提供劳务及让渡资产使用权等所得到的收入。

例如，企业出售和出租固定资产、无形资产的收入，以及出售不需要的材料的收入，是否应确认为企业的收入？出售固定资产、无形资产并非企业的日常活动，这种偶发性的所得（是一种利得）不应确认为收入，而应作为营业外收入。而出租固定资产、出租无形资产在实质上属于让渡资产使用权，出售不需要的材料的收入也属于企业日常活动中的收入，因此应确认为企业的收入，通常确认为其他业务收入。

### 2. 费用

费用是指企业在日常活动中发生的、会导致所有者权益减少的与向所有者分配利润无关的经济利益的总流出。以工业企业为例，一定时期的费用通常由产品生产成本和期间费用两部分构成，产品生产成本由直接材料、直接人工和制造费用三个成本项目构成，期间费用包括管理费用、财务费用和销售费用三项。

例如，企业处置固定资产发生的净损失，是否应确认为企业的费用？处置固定资产而发生的净损失虽然会导致所有者权益减少和经济利益的总流出，但不属于企业的日常活动，因此不应确认为企业的费用（是一种损失），而应确认为营业外支出。

### 3. 利润

利润是指企业在一定会计期间的经营成果。利润包括收入减去费用后的净额、直接计入当期利润的利得和损失等。其中，直接计入当期利润的利得和损失包括企业当期确认的投资收益或投资损失，以及处置固定资产、债务重组等发生的利得或损失等。

利润有营业利润、利润总额和净利润三个层次的分类。营业利润是营业收入减去营业成本、税金及附加、期间费用（包括销售费用、管理费用和财务费用）和资产减值损失，加上公允价值变动净收益和投资净收益后的金额。利润总额是指营业利润加上营业外收入，减去营业外支出后的金额。净利润是指利润总额减去所得税费用后的金额。

## 三、会计等式

如前所述，六项会计要素反映了资金运动的静态和动态两个方面具有紧密的联系，它们在数量上存在着特定的平衡关系，这种平衡关系用公式来表示就是会计等式。会计等式是反映会计要素之间平衡关系的计算公式，它是各种会计核算方法的理论基础。

### （一）资产＝负债＋所有者权益

这是最基本的会计等式。如前所述，资产是由于过去的交易或事项所引起，能为企业带来经济利益的资源。资产来源于所有者的投入资本和来自债权人的借入资金及企业在生产经营中所产生效益的积累，分别归属于所有者和债权人。归属于所有者的部分形成所有者权益，归属于债权人的部分形成债权人权益（即企业负债）。

资产和权益（包括所有者权益和债权人权益）实际是企业所拥有的经济资源在同一时点上所表现的不同形式。资产表明的是资源在企业存在和分布的形态，而权益则表明了资源取得和形成的渠道。资产来源于权益，资产与权益必然相等。资产与权益的恒等关系是复式记账法的理论基础，也是编制资产负债表的依据。

企业在生产经营过程中每天都会发生多种多样错综复杂的经济业务，从而引起各会计要素的增减变动，但并不影响资产与权益的恒等关系。下面通过分析 A 企业 1 月份发生的几项经济业务说明资产与权益的恒等关系。

经济业务的发生引起等式两边会计要素变动的方式可以总结归纳为以下四种类型：

一是经济业务的发生引起等式两边金额同时增加，增加金额相等，变动后等式仍保持平衡。例如，A 企业收到所有者追加的投资 500 000 元，款项存入银行。这项经济业务使银行存款增加了 500 000 元，即等式左边的资产增加了 500 000 元，同时等式右边的所有者权益也增加 500 000 元，因此并没有改变等式的平衡关系。

二是经济业务的发生引起等式两边金额同时减少，减少金额相等，变动后等式仍保持平衡。例如，A 企业用银行存款归还所欠 B 企业的货款 20 000 元。这项经济业务使企业的银行存款即资产减少了 20 000 元，同时应付账款即负债也减少了 20 000 元，也就是说等式两边同时减少 20 000 元，等式依然成立。

三是经济业务的发生引起等式左边即资产内部的项目此增彼减，增减的金额相同，变动后资产的总额不变，等式仍保持平衡。例如，1 月 15 日，A 企业用银行存款 80 000 元购买一台生产设备，设备已交付使用。这项经济业务使企业的固定资产增加了 80 000 元，但同时银行存款减少了 80 000 元，也就是说企业的资产内部发生增减变动，但资产总额不变。

四是经济业务的发生引起等式右边负债内部项目此增彼减，或所有者权益内部项目此增彼减，或负债和所有者权益项目之间此增彼减，增减的金额相同，变动后等式右边总额不变，等式仍保持平衡。例如，A 企业向银行借入 100 000 元直接用于归还拖欠的货款。这项经济业务使企业的应付账款减少了 100 000 元，同时短期借款增加了 100 000 元，即企业的负债内部发生增减变动，但负债总额不变。如果 A 企业经批准同意以资本公积 10 000 000 元转增实收资本。这项经济业务使企业的资本公积减少了 10 000 000 元，同时实收资本增加了 10 000 000 元，即企业的所有者权益内部发生增减变动，但所有者权益总额不变。

在实际工作中，企业每天发生的经济业务要复杂得多，但无论其引起会计要素如何变动，都不会破坏资产与权益的恒等关系（亦即会计等式的平衡）。

### （二）收入 – 费用 = 利润

企业经营的目的是为了获取收入，实现盈利。企业在取得收入的同时，也必然要发生相应的费用，通过收入与费用的比较，才能确定企业一定时期的盈利水平，即收入减去费用后等于营业利润。

从利润总额和净利润的层次来看，由于收入不包括处置固定资产净收益、固定资产盘盈、出售无形资产收益等，费用也不包括处置固定资产净损失、自然灾害损失等，所以，收入减去费用形成的营业利润在经过调整后才能等于利润总额或净利润，这一问题将在利润分配章节进行学习。

收入、费用和利润之间的上述关系是编制利润表的基础。

## 四、会计要素的确认基础

### （一）权责发生制

权责发生制又称应计制，是以应收应付作为标准来确定本期收入和费用以计算本期盈亏的会计处理基础。即凡是当期已经实现的收入和已经发生或应当负担的费用，不论款项是否收付，都应作为当期的收入或费用处理；凡是不属于当期的收入和费用，即使款项已经在当期收付，都不作为当期的收入和费用。

企业运用权责发生制度进行会计确认的优点在于：首先，它能够准确核算企业收入，因为在这种核算制度下收入的实现是以发生为标准，而不是以是否收到款项为标准，发生了即确认为收入；其次，能够正确反映所应负担的费用，并与本期收入相配比；再次，能够正确确定各期的收益，反映当期会计期间的利润；最后，采用权责发生制能够向决策者提供过去发生的关于现金收付的事项和将要收付的现金来源信息。

### （二）收付实现制

收付实现制又称现金制，是以款项的实际收付为标准来确定本期收入和费用、计算本期盈亏的会计处理基础。在现金收付的基础上，凡在本期实际以现款付出的费用，不论其应否在本期收入中获得补偿，均应作为本期应计费用处理；凡在本期实际收到的现款收入，不论其是否属于本期，均应作为本期应计的收入处理。

例如，甲公司8月份发生的部分经济业务如下，要求分别按权责发生制、收付实现制确认的本月收入和费用，如表1-1所示。

1日，销售产品一批，计价款50 000元，货款尚未收到；

10日，收回上月销售商品的应收账款80 000元，已存入银行；

20日，用银行存款支付办公费2 500元；

30日，销售产品一批，计价款65 000元，货款存入银行。

表1-1　　　　　　　权责发生制与收付实现制的比较实例　　　　　　　单位：元

| 业务发生时间 | 权责发生制 | | 收付实现制 | |
| --- | --- | --- | --- | --- |
| | 收入 | 费用 | 收入 | 费用 |
| 1日 | 50 000 | | | |
| 10日 | | | 80 000 | |
| 20日 | | 2 500 | | 2 500 |
| 30日 | 65 000 | | 65 000 | |
| 合计 | 115 000 | 2 500 | 145 000 | 2 500 |

目前，企业会计是运用权责发生制进行会计处理的，行政事业单位会计也由传统的收付实现制向修正的权责发生制进行转变。根据《企业会计准则——基本准则》第九条，企业应当以权责发生制为基础进行会计确认、计量和报告。但有一个特殊之处是，企业编制的现金流量表编制基础是收付实现制，而非权责发生制。这主要是会计系统向信息使用者的决策需要企业收付实现制下现金流量情况的一种妥协选择。

### 五、会计要素的计量属性

会计计量属性是指从某一特定方面对经济业务进行的会计计量。我国的会计计量属性有历史成本、重置成本、可变现净值、现值和公允价值五种。

历史成本也称实际成本,是一种最常用的、最基本的计量属性,它是从实际发生的支出方面对经济业务进行的一种会计计量。对于资产,历史成本要求按照购置时支付的现金或者现金等价物的金额进行计量。例如,某企业采购一批原材料发生的实际购价为 10 000 元,另支付保险费 1 000 元、装卸费 100 元,没有发生其他税费,则购入这批原材料的历史成本是多少?答案是 11 100 元。

历史成本是按财产物资取得时双方认可的实际成本计价的,通常有原始凭证为依据,具有客观性、可验证性等优点,但从会计目标在于满足信息使用者决策需要、会计信息质量要求与信息使用者的决策相关的要求出发,在会计工作中还需要采用其他计量属性,包括重置成本、可变现净值、现值、公允价值计量等,这将在以后的专业课程中深入学习。

## 第五节 会计规范

### 一、我国的会计规范体系

会计规范是指人们在从事与会计有关的活动时所应遵循的约束性或指导性的行为准则。我国的会计法规体系是以会计法为基础构成的一个比较完整的法规体系,它包括会计的基本法与会计的行政法规两个部分,主要分为以下两大层次。

第一层次是会计的基本法《中华人民共和国会计法》。该法由第六届全国人民代表大会常务委员会于 1985 年 1 月 21 日通过,并经 1993 年 12 月 29 日八届人大常务委员会第五次会议和 1999 年 10 月 31 日九届人大常务委员会第十二次会议进行了两次修订。在我国,会计法处于会计法规体系的最高层次,是制定其他会计法规、制度的基本依据,其他会计法规都必须遵循和符合会计法的要求。在现行会计法中,对会计立法的目的、适用范围、会计核算和会计监督的基本要求、会计机构和会计人员管理、会计行为的法律责任都作了原则的规定。作为会计方面的根本大法,会计法对一切组织的会计行为都具有普通的强制约束力。

第二层次是企业会计准则。企业会计准则包括基本会计准则和具体会计准则。1992 年 11 月 30 日,经国务院批准,财政部以第 5 号部长令的形式签发了

《企业会计准则》，要求在1993年7月1日全面实施。这一准则被认为是我国当时的企业会计基本准则。以此为依据，从1997年以来又陆续颁布了一系列具体会计准则，我国企业会计准则的规范得到了长足的发展。2006年2月15日，财政部出台了新的企业会计准则体系，包括1个基本准则和38项具体准则，标志着我国会计准则规范体系建设从逐步发展走向成熟。新的会计准则吸纳了国际投资者所熟悉的会计原则，注重强化上市公司财务信息的真实性，使资产和交易得到更为公允的反映，将在一定程度上提高投资者对企业信息质量的信心。新会计准则在基本准则中明确了会计核算的基本前提和会计信息的质量要求，严格界定了资产、负债、收入、费用等会计要素定义，明确规定了有关会计要素的确认条件，突出强调了公允价值等计量属性的广泛运用。

## 二、我国现行企业会计准则体系

为适应我国市场经济发展和经济全球化的需要，按照立足国情、国际趋同、涵盖广泛、独立实施的原则，财政部对上述准则作了系统性的修改，并制定了一系列新的准则，于2006年2月15日发布了包括《企业会计准则——基本准则》（以下简称基本准则）和38项具体准则在内的企业会计准则体系；2006年10月30日又发布了《企业会计准则应用指南》，从而实现了我国会计准则与国际财务报告准则的实质性趋同。

我国企业会计准则体系由基本准则、具体准则、会计准则应用指南和解释等组成。其中，基本准则在整个企业会计准则体系中扮演着概念框架的角色，起着统驭作用；具体准则是在基本准则的基础上对具体交易或者事项会计处理的规范；应用指南是对具体准则的一些重点难点问题做出的操作性规定；解释是随着企业会计准则的贯彻实施，就实务中遇到的实施问题而对准则做出的具体解释。2007年11月16日和2008年8月7日，财政部已分别印发了第1号和第2号企业会计准则解释。

在我国现行企业会计准则体系中，基本准则类似于国际会计准则理事会的《编报财务报表的框架》和美国财务会计准则委员会的《财务会计概念公告》，它规范了包括财务报告目标、会计基本假设、会计信息质量要求、会计要素的定义及其确认、计量原则、财务报告等在内的基本问题，是会计准则制定的出发点，是制定具体准则的基础。其作用主要表现为两个方面：

一是统驭具体准则的制定。随着我国经济迅速发展，会计实务问题层出不穷，会计准则需要规范的内容日益增多，体系日趋庞杂，在这样的背景下，为了确保各项准则的制定建立在统一的理念基础之上，基本准则就需要在其中发挥核

# 第一章 概论

心作用。我国基本准则规范了会计确认、计量和报告等一般要求，是准则的准则，可以确保各具体准则的内在一致性。为此，我国基本准则第三条明确规定，"企业会计准则包括基本准则和具体准则，具体准则的制定应当遵循本准则（即基本准则）"。在企业会计准则体系的建设中，各项具体准则也都严格按照基本准则的要求加以制定和完善，并且在各具体准则的第一条中作了明确规定。

二是为会计实务中出现的具体准则尚未规范的新问题提供会计处理依据。在会计实务中，由于经济交易事项的不断发展和创新，具体准则的制定有时会出现滞后的情况，会出现一些新的交易或者事项在具体准则中尚未规范但又急需处理，这时，企业不仅应当对这些新的交易或者事项及时进行会计处理，而且在处理时应当严格遵循基本准则的要求，尤其是基本准则关于会计要素的定义及其确认与计量等方面的规定。因此，基本准则不仅扮演着具体准则制定依据的角色，也为会计实务中出现的具体准则尚未做出规范的新问题提供了会计处理依据，从而确保了企业会计准则体系对所有会计实务问题的规范作用。

在我国现行企业会计准则体系中，具体准则包括存货、投资性房地产、固定资产等42项准则。各项准则规范的内容和有关国际财务报告准则的内容基本一致，具体情况如表1-2所示。

表1-2  中国具体会计准则（CAS）

| | |
|---|---|
| CAS 1 存货 | CAS 22 金融工具确认和计量 |
| CAS 2 长期股权投资 | CAS 23 金融资产转移 |
| CAS 3 投资性房地产 | CAS 24 套期保值 |
| CAS 4 固定资产 | CAS 25 原保险合同 |
| CAS 5 生物资产 | CAS 26 再保险合同 |
| CAS 6 无形资产 | CAS 27 石油天然气开采 |
| CAS 7 非货币性资产变换 | CAS 28 会计政策、会计估计变更和差错更正 |
| CAS 8 资产减值 | CAS 29 资产负债表日后事项 |
| CAS 9 职工薪酬 | CAS 30 财务报表列报 |
| CAS 10 企业年金 | CAS 31 现金流量表 |
| CAS 11 股份支付 | CAS 32 中期财务报告 |
| CAS 12 债务重组 | CAS 33 合并财务报表 |
| CAS 13 或有事项 | CAS 34 每股收益 |
| CAS 14 收入 | CAS 35 分部报告 |
| CAS 15 建造合同 | CAS 36 关联方披露 |
| CAS 16 政府补助 | CAS 37 金融工具列报 |
| CAS 17 借款费用 | CAS 38 首次执行企业会计准则 |
| CAS 18 所得税 | CAS 39 公允价值计量 |
| CAS 19 外币折算 | CAS 40 合营安排 |
| CAS 20 企业合并 | CAS 41 在其他主体中权益的披露 |
| CAS 21 租赁 | CAS 42 持有待售的非流动资产、处置组和终止经营 |

## 会 计 学

企业会计准则体系发布后，于2007年1月1日起首先在上市公司施行，并逐步扩大实施范围。经过各方的共同努力，新准则较好地实现了新旧转换和平稳实施，在社会上形成较好反响。在此基础上，经过多方磋商和谈判，2007年12月6日，内地与香港签署了两地会计准则等效的联合声明，实现了两地会计准则的等效。2008年11月14日，由欧盟成员国代表组成的欧盟证券委员会就第三国会计准则等效问题投票决定，自2009年至2011年年底前的过渡期间，欧盟将允许中国证券发行者在进入欧洲市场时使用中国会计准则。欧盟的这一决定表明，已认可中国会计准则与国际财务报告准则实现了等效。

## 案例思考

### 资料

世通公司利用会计造假虚构了近100亿美元的利润，创下了财务舞弊的世界纪录。这一惊天动地的财务舞弊案到底是如何被发现的？其答案是，它是被世通公司的高管人员称为"不自量力、多管闲事"的三个内部审计人员发现的，他们是辛西亚（世通内审部副总经理）、摩斯（擅长电脑技术的内部审计师）和史密斯（内审部高级经理，辛西亚的助理）。正是这三个不计个人安危，排除困扰，顶住压力，才将世通公司的舞弊罪行昭示于天下。

2002年3月7日，美国证券交易管理委员会（SEC）勒令世通公司提供更详细的文件资料，以证明2001年度盈利的真实性。SEC提出这项异乎寻常的要求是因为电信业的不景气使世通公司的直接竞争对手美国电话电报公司（AT&T）遭受巨额损失，一蹶不振，而世通公司在2001年度仍然报告巨额利润。这一反差引起了SEC的怀疑，并最终导致其在3月12日正式对世通公司的会计问题展开正式调查。SEC的举动令世通公司高层措手不及，也引起了辛西亚的警觉。特别是安然事件的曝光和安达信被司法部起诉，使辛西亚对世通公司的会计处理疑虑重重。5月21日，辛西亚的副手史密斯收到了阿伯特的一封电子邮件。阿伯特是世通公司在德州分公司的一位分管固定资产账务处理的会计人员，在其电子邮件里，阿伯特附上了当地报纸刊登的一篇文章，披露了世通德州分公司的一位雇员因为对一些资本支出账务处理的恰当性提出质疑而遭解雇。阿伯特认为，从内部审计的角度看，这一事件值得深究。史密斯立即将这份电子邮件转发给辛西亚。这份电子邮件引起了辛西亚的极大兴趣，因为自辛西亚决定插手内部财务审计后，已经带人对世通公司疑点重重的资本支出项目作了两个多月的调查。收到这封电子邮件前，他们已经发现了众多无法解释的巨额资本性支出。2001年前

# 第一章 概 论

三个季度，世通公司对外披露的资本支出中，有20亿美元既未纳入2001年度的资本支出预算，也未获得任何授权。这一严重违反内部控制的做法，使辛西亚怀疑世通公司可能将经营费用转作资本支出，以此增加利润。这封神秘的电子邮件促使辛西亚决定将调查的重点放在资本支出项目。

辛西亚就这20亿美元的资本支出质问财务计划部主任瑟提时，瑟提将其解释为"预付容量"。当被问及"预付容量"的确切含义以及将"预付容量"作为资本支出的依据时，瑟提表示无可奉告，但不妨询问世通公司的副总裁兼主计长大卫·迈耶斯。辛西亚不敢贸然直接质问迈耶斯，而是首先询问阿伯特，因为阿伯特所在部门也有"预付容量"，也是作为资本支出。询问的结果是，阿伯特对"预付容量"一无所知，他完全是依照世通公司总账会计部主任耶特斯的指令进行账务处理的。

就在辛西亚对"预付容量"这些所谓的资本支出困惑不解时，5月28日下午，她从电脑记录上查出了一笔既没有原始凭证支持，也缺乏授权签字的5亿美元的电脑费用。与"预付容量"一样，这5亿美元也被记录为资本支出。种种迹象表明，世通公司的高层通过将经营费用转作资本支出进行了大规模的利润造假。之后，辛西亚成功地收集了世通公司将20亿美元经营费用"包装"成资本支出的直接证据，至此，世通公司的会计造假基本上真相大白。辛西亚深知，已掌握的证据足以让世通公司遭受灭顶之灾，这意味着与她朝夕相处的成千上万的同事将失去生计，自己也将面临失业的危机。辛西亚将她的担忧和苦衷告诉了史密斯和摩斯，他们两人也颇有同感。在人生的旅途中，这三名"火枪手"面临着一项重大抉择：是继续追查下去，导致世通公司垮掉，还是到此为止，给世通公司留下一条生路？理性最终战胜了感情，私利让位于诚信。经过激烈的思想斗争之后，辛西亚、史密斯和摩斯决定将调查进行到底。

6月17日，辛西亚和史密斯要求管理报告部提供能够支持资本支出会计记录的原始凭证。但相关人员告知她们，会计部门编制了许多没有任何原始凭证支持的会计分录，但这完全是奉旨行事，指令来自总账会计部主任耶特斯。辛西亚和史密斯要求耶特斯对此做出解释。耶特斯坦承，这事他也说不清楚，唯有主计长迈耶斯才了解内情。辛西亚和史密斯当即致电迈耶斯，迈耶斯并不回避，直言这些会计分录确有问题，至于相关的原始凭证，他需要花时间整理，但他并不想整理。辛西亚和史密斯又追问，将所谓的"预付容量"支出予以资本化是否有相关的会计准则予以支持？迈耶斯给予了否定的答复。当被问及如何就此事向SEC做出解释时，迈耶斯说他希望事情不至于发展到这种地步。

6月25日傍晚，世通公司的首席执行官西择摩尔向新闻记者披露了世通公司在五个季度里捏造了38.52亿美元利润的特大丑闻（2002年7月和9月，世

## 会 计 学

通公司自查自纠的延伸审计又分别发现了 34.5 亿和 20 亿美元的虚假利润，至此，虚假利润总额已达 93 亿美元。目前，调查还在进行之中，预计虚假利润有可能超过 100 亿美元）。

丑闻公开之夜，辛西亚拖着疲惫的身躯回到了她妈妈的家里。在她妈妈的厨房里，辛西亚百感交集，泪流满面，痛不欲生。摩斯则仍在世通公司总部开夜车，继续整理他冒险收集的证据。他的妻子打来电话，问摩斯是否看过电视新闻，在新闻报道里，"世界通信"已变成了"世界骗局"，她想知道摩斯是否了解内幕。摩斯告诉她，内幕就在家里的公文箱里！至于史密斯，正琢磨如何向在克林顿中学教过他和辛西亚会计的妈妈解释他们三个是如何"嗅出"造假事件的。

**思考题**

1. 案例中世通公司的会计实现了其会计目标吗？世通公司的会计造假会损害到哪些企业利益相关的利益？
2. 世通公司采用美元为计量尺度，根据货币计量假设，这种货币可以作为世通公司的本位币吗？
3. 世通公司的会计造假行为主要牺牲了哪些会计信息质量特征？其中最主要是哪一种信息质量特征？
4. 世通公司在会计造假中涉及哪些会计要素？该公司的做法符合这些会计要素的定义与特征吗？
5. 如何理解案例中的资本性支出与经营费用（收益性支出）？
6. 如果根据我国会计法规来思考这一案例，该公司违背的会计规范有哪些？
7. 如果你是世通公司的一名知情会计人员，你将选择如何处理这件造假事件？

# 第二章　会计信息生成方法

【本章学习目标】本章主要讲述会计信息生成的一系列方法。首先介绍会计循环的工作流程，在此基础上，重点介绍会计信息生成的核算方法，包括设置账户与复式记账、填制凭证和登记账簿、成本计算、财产清查和编制财务报表。通过本章学习，要求学生理解会计循环过程，掌握会计核算方法，熟练运用借贷记账法。

## 第一节　会计循环

### 一、会计循环的意义

会计从经济业务发生，到运用记账方法在账户中登记并汇总编制会计报表，这一整个会计信息的生成过程要经历一定的程序，而在每一会计期间的会计工作都要按照这一基本程序有步骤地连续不断、周而复始地进行。因此，会计上就把在一定会计期间内依次完成的工作程序称为会计循环，又称会计工作程序。

正确确定会计循环程序对于建立正常的会计工作秩序、保证会计工作有步骤地进行和会计数据处理的连贯性、提高会计工作质量和效率，都具有重要意义。

### 二、会计循环流程

会计循环的流程包括会计期间业务处理流程和会计期末业务处理流程。

#### （一）会计期间业务处理流程

**1. 审核和编制凭证**

首先，经济业务发生后，应填制或取得发票、单据等各种原始凭证；然后，以审核无误的原始凭证为依据编制记账凭证。在记账凭证中，应指出每笔业务应记账户的名称、方向和金额，并以此作为记账的依据。

**2. 登记账簿**

登记账簿是指会计人员根据记账凭证在日记账和分类账中进行登记。

### （二）会计期末业务处理流程

**1. 调整账户记录**

会计期末，按权责发生制和配比原则的要求，对应属于本期的收入和费用在本期的日常记录中未能登记入账的经济业务，如应确认本期实现的应收收入和预收收入、应摊销的预付款项、应预先计提的费用以及固定资产折旧、无形资产摊销等，应在期末进行调整。

**2. 核对账簿记录**

会计期末，对账簿记录进行核对，包括账证核对、账账核对和账实核对，以保证账簿记录的正确性。

**3. 试算平衡**

会计期末，在进行对账工作的基础上编制试算表，以检查账簿记录是否平衡，发现错误应及时查明更改。

**4. 结清账户记录**

在保证账簿记录正确后，可根据账户的不同性质进行结账。属于资产、负债和所有者权益性质的账户，都要结出期末余额，转入下期；属于收入、费用性质账户的数额，转入"本年利润"账户以确定本期损益，最后结平账户。

**5. 编制会计报表**

结账后的数据虽然可以反映企业会计期间的财务状况和经营成果，但这些数据是零星分散的，不便于对会计信息的分析利用。因此应根据总账和明细账记录的结果编制资产负债表、利润表、现金流量表等会计报表，以总括反映企业的财务状况和经营成果。

## 第二节  会计科目与账户

在会计信息生成系统中，设置会计科目和账户是一项重要的基础工作，它对于系统、高效地提供会计信息和科学组织会计工作具有至关重要的作用。

# 第二章　会计信息生成方法

## 一、会计科目

### (一) 会计科目的定义

会计科目是对会计要素进一步分类的具体项目。如前所述，会计要素分为资产、负债、所有者权益、收入、费用、利润，而这六大会计要素各自又包含很多内容，例如资产分为流动资产和非流动资产，流动资产中有库存现金、银行存款、存货等，非流动资产中有固定资产、无形资产等；负债中有短期借款、长期借款、应付账款等；所有者权益中有实收资本、资本公积等；收入中有主营业务收入、其他业务收入等；费用中有财务费用、管理费用、销售费用等。所以，要实现会计系统提供会计信息的科学性和强化企业经济管理的基本目标，需要对会计要素进行分类，这种分类规定的名称就是会计科目。

在我国，会计科目设置一直采用集中统一控制的方法，即由财政部统一颁布会计科目，并统一规定其编号。统一规定会计科目编号有利于会计凭证编制、账簿登记、账目查阅以及会计电算化实施的需要。

### (二) 会计科目分类

**1. 按经济内容分类**

会计科目按经济内容分类与会计要素按具体内容分类既有联系，又有区别。会计科目分为资产、负债、所有者权益、成本和损益等五类。需要说明的是，利润要素涉及的内容并入在所有者权益类会计科目中，这是因为利润留存于企业的部分即盈余公积和未分配利润属于所有者权益；收入、费用两个会计要素涉及的科目并为一类科目，称为损益类科目；同时单列了成本类账户。

为了便于会计科目的分类、查找，便于运用计算机处理会计业务，进行统计分析等，会计科目需采用科学方法加以编号。这五类会计科目的第一位编码分别是：1、2、4、5、6（第3类为共同类，略），同时分别用一组数字对同类科目进行编号。一般企业常用会计科目表的内容如表2-1所示。

**2. 按详细程度分类**

会计科目按提供指标的详细程度分为总分类科目（简称总账科目、一级科目）和明细分类科目（简称明细科目）。总分类科目是对某一会计要素具体内容进行总括分类而形成的项目；明细分类科目是对某一总分类科目进一步分类规定的名称。为了进一步加强经济管理，企业可根据自身特点和实际需要增设二级、三级明细科目。

# 会 计 学

表 2-1　　　　　　　　　　　一般企业常用会计科目表

| 顺序号 | 编号 | 名称 | 顺序号 | 编号 | 名称 |
|---|---|---|---|---|---|
| | | 一、资产类 | 39 | 2201 | 应付票据 |
| 1 | 1001 | 库存现金 | 40 | 2201 | 应付账款 |
| 2 | 1002 | 银行存款 | 41 | 2203 | 预收账款 |
| 3 | 1012 | 其他货币资金 | 42 | 2211 | 应付职工薪酬 |
| 4 | 1101 | 交易性金融资产 | 43 | 2221 | 应交税费 |
| 5 | 1111 | 应收票据 | 44 | 2231 | 应付利息 |
| 6 | 1122 | 应收账款 | 45 | 2232 | 应付股利 |
| 7 | 1123 | 预付账款 | 46 | 2241 | 其他应付款 |
| 8 | 1131 | 应收股利 | 47 | 2501 | 长期借款 |
| 9 | 1132 | 应收利息 | 48 | 2502 | 应付债券 |
| 10 | 1221 | 其他应收款 | 49 | 2701 | 长期应付款 |
| 11 | 1231 | 坏账准备 | 50 | 2801 | 预计负债 |
| 12 | 1401 | 材料采购 | 51 | 2901 | 递延所得税负债 |
| 13 | 1402 | 在途物资 | | | 三、所有者权益 |
| 14 | 1403 | 原材料 | 52 | 4001 | 实收资本（或股本） |
| 15 | 1405 | 库存商品 | 53 | 4002 | 资本公积 |
| 16 | 1406 | 发出商品 | 54 | 4101 | 盈余公积 |
| 17 | 1408 | 委托加工物资 | 55 | 4103 | 本年利润 |
| 18 | 1411 | 周转材料 | 56 | 4104 | 利润分配 |
| 19 | 1471 | 存货跌价准备 | 57 | 4201 | 库存股 |
| 20 | 1501 | 持有至到期投资 | | | 四、成本类 |
| 21 | 1502 | 持有至到期投资减值准备 | 58 | 5001 | 生产成本 |
| 22 | 1503 | 可供出售金融资产 | 59 | 5101 | 制造费用 |
| 23 | 1511 | 长期股权投资 | | | 五、损益类 |
| 24 | 1512 | 长期股权投资减值准备 | 60 | 6001 | 主营业务收入 |
| 25 | 1601 | 固定资产 | 61 | 6051 | 其他业务收入 |
| 26 | 1602 | 累计折旧 | 62 | 6101 | 公允价值变动损益 |
| 27 | 1603 | 固定资产减值准备 | 63 | 6111 | 投资收益 |
| 28 | 1604 | 在建工程 | 64 | 6301 | 营业外收入 |
| 29 | 1605 | 工程物资 | 65 | 6401 | 主营业务成本 |
| 30 | 1606 | 固定资产清理 | 66 | 6402 | 其他业务成本 |
| 31 | 1701 | 无形资产 | 67 | 6403 | 税金及附加 |
| 32 | 1702 | 累计摊销 | 68 | 6601 | 销售费用 |
| 33 | 1703 | 无形资产减值准备 | 69 | 6602 | 管理费用 |
| 34 | 1711 | 商誉 | 70 | 6603 | 财务费用 |
| 35 | 1801 | 长期待摊费用 | 71 | 6701 | 资产减值损失 |
| 36 | 1811 | 递延所得税资产 | 72 | 6711 | 营业外支出 |
| 37 | 1901 | 待处理财产损溢 | 73 | 6801 | 所得税费用 |
| | | 二、负债类 | 74 | 6901 | 以前年度损益调整 |
| 38 | 2001 | 短期借款 | | | |

## 第二章 会计信息生成方法

例如：A 公司按地区的客户对"应收账款"设置的明细科目如下：
1122 应收账款——112201 重庆地区——11220101 重庆百货大楼股份有限公司
　　　　　　　　　　　　　　　——11220102 重庆商社集团
　　　　　　　——112202 成都地区——11220201 中百一店
　　　　　　　　　　　　　　　——11220202 天久机电公司
B 公司销售多种建筑材料，"库存商品"设置的明细科目如下：
1405 库存商品——140501 钢材——14050101 板材
　　　　　　　　　　　　　——14050102 线材——1241010201 Φ3mm 线材
　　　　　　　　　　　　　　　　　　　　——1241010202 Φ4mm 线材
　　　　　　——140502 木材——14050201 板材
　　　　　　　　　　　　　——14050202 线材
　　　　　　——140503 水泥……

## 二、账户

### （一）账户的含义

账户是以会计科目为其名称、具有一定结构和格式的记账载体，它是分类、连续、系统地记录经济业务增减变动情况及其结果的一种会计核算工具。

如前所述，会计科目是对会计要素分类规定的名称。由于会计科目只是对经济业务分类的名称，难以对经济业务的具体数字资料进行分类、连续、系统地记录，因此，只有具有一定结构的账户才能完成这一核算任务。

会计科目与账户既有联系又有区别。两者的联系在于：账户是根据会计科目开设的，两者都是对经济业务进行分类反映的工具或手段。两者的区别在于：会计科目是经济业务分类的名称或标志，可以说明不同经济业务的内容，但只有名称而无具体结构；而账户既有名称又有具体结构，能够记录经济业务，可以反映会计要素各具体项目在数量上的增减变动及结果。

### （二）账户的基本结构

账户的结构就是指账户记录的格式。经济业务的发生会使会计要素各具体项目在数量上产生增减变动及结果。账户的基本结构就是要确定会计要素增加数额、减少数额、增减后的数额分别记录在哪里。为方便教学和研究，账户的基本结构可简化为如图 2-1 所示。

图 2-1

简化的账户基本结构分为左右两方,分别记录增加数额和减少数额。究竟哪一方记增加,哪一方记减少,取决于记账方法和账户性质。简化的账户结构形似英文字母"T",所以又称为"T"形账户;它还形似汉字"丁"字,我们也称其为"丁"字形账户。

在会计实务中,账户结构要比教学中使用的"T"形账户复杂些,如表 2-2 所示。

表 2-2　　　　　　　　　　　账户名称

| 日期 | 凭证字号 | 摘要 | 借方 | 贷方 | 借或贷 | 余额 |
|------|----------|------|------|------|--------|------|
|      |          |      |      |      |        |      |
|      |          |      |      |      |        |      |

账户一般由以下要素组成:
① 账户名称(会计科目);
② 日期和凭证字号(账户记录的日期和依据);
③ 摘要(经济业务的概括说明);
④ 增加金额、减少金额、余额。

账户结构中的金额有两类:一是本期发生额,即本期账户中登记的增加额和减少额,账户在会计期间内记录的增加额合计称为本期增加发生额,账户在会计期间内记录的减少额合计称为本期减少发生额;二是余额,即增加发生额和减少发生额相抵后的差额为余额。余额按不同时点可分为期初余额、期末余额。账户余额一般与增加额在同一方向。本期期末余额即为下期期初余额。计算公式如下:

期末余额 = 期初余额 + 本期增加发生额 - 本期减少发生额

### (三) 总分类账户与明细分类账户

账户是依据会计科目开设的。会计科目有总分类科目和明细分类科目,账户

# 第二章　会计信息生成方法

按反映会计要素增减变动及结果的详细程度相应分为总分类账户与明细分类账户。

总括反映会计要素增减变动及结果的账户称为总分类账户，简称总账账户。总分类账户能提供总括、综合的核算指标，所以它只能以货币为计量单位。

详细反映会计要素增减变动及结果的账户称为明细分类账户，简称明细账户。明细账户能提供详细、具体的核算指标，所以它既可以采取以货币计量为单位，也可采取以实物计量和劳动计量为单位。例如"库存商品"是一个总分类账户，它只能总括反映所有库存商品增减变动及结果，而不能详细反映每种库存商品增减变动及结果。在"库存商品"总分类账户下，按库存商品的品名、规格、等级分别设置的明细分类账户则能详细、具体地反映每种库存商品增减变动及结果。

总分类账户与所属明细分类账户的核算对象是相同的，只是核算内容的详细程度有所区别，两者之间是统驭和被统驭的关系。总分类账户是明细分类账户的统驭账户，它对明细分类账户起控制作用；明细分类账户则是总分类账户的从属账户，它对总分类账户起着补充和辅助的作用。两者提供的核算资料互相补充、互相结合，既能概括反映经济业务的全貌，又能详细说明经济业务的具体情况。为此，总分类账户与明细分类账户的登记采用平行登记的方法。有关平行登记的方法详见本章第四节。

## 第三节　复式记账

### 一、复式记账原理

#### （一）记账方法

为了对会计对象进行核算和监督，在按一定原则设置了会计科目并按会计科目开设了账户之后，就需要采用一定的记账方法将经济业务的增减变动按一定的规则登记在账户中。

记账方法是指在账簿中登记经济业务的方法。现代意义的记账方法应包括记录经济业务的方式、记账原理、记账符号、平衡公式、记账规则和试算平衡方法等。记账方法按记录方式的不同，分为单式记账法和复式记账法。从记账方法的发展过程来看，会计上最初采用的是单式记账法；随着经济的发展，记账方法逐渐完善，从而演变为复式记账法。

## 会 计 学

单式记账法是指对所发生的经济业务只在一个账户中记录的记账方法，重点是反映货币资金和债权债务方面发生的经济业务。单式记账法是一种比较简单、不完整的记账方法。采用这种方法记账往往只用一个账户，反映经济业务的一个方面，而与此相联系的另一个方面却不予反映，一般只是单方面反映货币资金和债权债务事项。因此，在账户设置上也比较简单，只设置"库存现金"、"银行存款"、"应收账款"和"应付账款"等账户，没有一套完整的账户体系，账户之间也未形成相互对应的关系，不能全面、完整地反映经济业务的来龙去脉，也不便于检查账户记录的正确性。

复式记账方法是指对任何一笔经济业务都以相等的金额在两个或者两个以上的账户中全面地、相互联系地进行登记的方法。因为每一笔经济业务客观上都要引起至少两个方面的变化，例如用银行存款购买原材料的业务，一方面是银行存款发生减少的变化；另一方面是原材料发生增加的变化，因此为了客观地反映经济业务的本来面貌，按照复式记账法的要求，不仅要在银行存款账户中记录银行存款的付出，而且还要在原材料账户中记录原材料的收入，并且两个账户中所登记的金额相等。这样，在银行存款账户和原材料账户之间形成了一种相互对应的关系。

复式记账法被世界各国公认为是一种科学的记账方法。它具有以下特点：

一是对于每一项经济业务都必须在两个或两个以上相互联系的账户中进行记录。复式记账法通过对每一项经济业务的会计处理，清晰地反映了经济业务的来龙去脉。

二是设置了一套完整的账户体系。复式记账法不仅对每一项经济业务要进行全面的反映，而且对所发生的全部经济业务都要进行记录。为了全面反映经济业务，设置了一套完整的账户体系，既有反映资产、负债和所有者权益的账户，又有反映费用、收入和利润的账户，通过账户记录不仅可以全面、清晰地反映经济业务的来龙去脉，而且还能够全面、系统地反映经济活动的过程和结果。

三是可以对一定时期所发生的全部经济业务的会计记录进行全面的试算平衡。由于复式记账法对于每一项经济业务都采取以相等的金额在有关账户中登记的方法，因此对一定时期账户记录的金额可以通过试算平衡的方法检查账户记录的正确性。

### （二）复式记账的理论依据

复式记账法是用以反映和监督资金运动，以会计恒等式为依据建立的一种记账方法。资金运动有动态和静态两种状态，资金运动总是从一种形式转化为另一种形式，前者表现为来源（从哪里来），后者表现为去处（到哪里去），来源和

## 第二章 会计信息生成方法

去处是矛盾的统一。复式记账法既反映资金来源和去处转化的动态，又反映资金来源等于去处的静态，从而全面反映会计对象矛盾运动的两种状态。

资金运动的结果形成会计恒等式"资产＝负债＋所有者权益"。企业的经济业务千变万化，但从经济业务发生后对资产、负债和所有者权益的影响来看，不外乎九类经济业务。

①一项资产增加，另一项资产减少；②一项负债增加，另一项负债减少；③一项所有者权益增加，另一页所有者权益减少；④负债增加，所有者权益减少；⑤负债减少，所有者权益增加；⑥资产增加，负债增加；⑦资产减少，负债减少；⑧资产增加，所有者权益增加；⑨资产减少，所有者权益减少。

从九类型经济业务对会计恒等式的影响来看，永远都不会破坏资产总额等于负债和所有者权益总额的平衡关系。复式记账法正是适应这一客观要求，把每一项经济业务引起的两个或两个以上项目的变化引申到两个或两个以上相互联系的账户中，反映了资金运动的内在规律。

复式记账法既有科学的理论依据，又具备以上特点，因而被世界各国广泛采用。目前，我国企业和行政事业单位均采用复式记账法。

## 二、借贷记账法

借贷记账法是以"借"、"贷"作为记账符号，反映各项会计要素增减变动情况的一种复式记账方法。

### （一）借贷记账法的记账符号

借贷记账法在13世纪初创始于意大利。在这个时期，西方的商品经济有了发展，在商品交换中，为了适应借贷资本管理者的需要，逐渐形成了借贷记账法。"借"、"贷"两字的含义最初就是从借贷资本家的角度来解释的。

随着社会经济的发展，经济活动的内容日益复杂，记录的经济业务已不再局限于货币资金的借贷业务，而逐渐扩展到财产物资、经营损益等的增减变化。为了能够概括更为复杂的经济业务并求得账簿记录的统一，对于非货币资金借贷业务，也以"借"、"贷"作为记账符号来记录其增减变化。这样，"借"、"贷"两字就逐渐失去了原来的字面含义，而转化为纯粹的、抽象的记账符号，用以标明记账的方向。

由于借贷记账法用"借"和"贷"两个记账符号深刻地反映了资金运动的内在规律，并因其科学性而被世界各国所普遍采用，使会计成为一种国际通用的商业语言。

## 会 计 学

### (二) 借贷记账法的账户结构

在借贷记账法下，账户的基本结构是：左方为借方，右方为贷方。但哪一方登记增加，哪一方登记减少，则需要根据账户的性质决定。

**1. 资产、负债、所有者权益类账户**

从复式记账建立的理论依据会计恒等式来看，资产、负债及所有者权益分别属于会计恒等式的两边，具有不同的性质，用相反的符号来反映其增减变化。即用"借"表示资产增加和权益减少；用"贷"表示权益增加和资产减少。

资产类账户的期初余额登记在借方，本期的增加额也登记在借方，本期的减少额登记在贷方，期末余额一般在借方。在借贷记账法下资产类账户的结构如图2-2所示。

| 借 | 资产类账户 | 贷 |
|---|---|---|
| 期初余额<br>本期增加额 | | 本期减少额 |
| 本期借方发生额<br>期末余额 | | 本期贷方发生额 |

资产类账户的期末余额 = 期初借方余额 + 本期借方发生额 - 本期贷方发生额

**图 2-2**

权益（包括负债和所有者权益）类账户的期初余额登记在贷方，本期的增加额也登记在贷方，本期的减少额登记在借方，期末余额一般在贷方。在借贷记账法下权益类账户的结构如图2-3所示。

| 借 | 权益类账户 | 贷 |
|---|---|---|
| | | 期初余额 |
| 本期减少额 | | 本期增加额 |
| 本期借方发生额 | | 本期贷方发生额<br>期末余额 |

权益类账户的期末余额 = 期初贷方余额 + 本期贷方发生额 - 本期借方发生额

**图 2-3**

**2. 收入、费用类账户**

收入、费用和利润要素是用来反映企业在一定时期内经营成果的账户，利润类账户直接影响所有者权益，其账户结构类似权益类账户。而收入在补偿利润之

# 第二章 会计信息生成方法

前,相当于一项权益;费用作为资产耗费的转化形态,在抵消收入之前,相当于一项资产。因此,收入类账户结构相当于权益类账户,费用类账户结构相当于资产类账户。

收入类账户的结构相当于权益类账户的结构,增加额记在贷方,减少额记在借方,收入类账户期末结转后无余额。其账户结构如图2-4所示。

| 借 | 收入类账户 | 贷 |
|---|---|---|
| 本期减少额 | | 本期增加额 |
| 本期借方发生额 | | 本期贷方发生额<br>期末结转后无余额 |

图2-4

费用类账户的结构相当于资产类账户的结构,增加额记在借方,减少额记在贷方,费用类账户期末结转后一般无余额,如有余额,一定在借方。其账户结构如图2-5所示。

| 借 | 费用类账户 | 贷 |
|---|---|---|
| 本期增加额 | | 本期减少额 |
| 本期借方发生额<br>期末结转后一般无余额 | | 本期贷方发生额 |

图2-5

借贷作为记账符号,标示着账户记录的方向。一般说来,各类账户的期末余额与记录增加额的一方是同一方向,即资产类账户的期末余额一般在借方,负债和所有者权益类账户的期末余额一般在贷方。因此,可以根据账户余额的方向来判断账户的性质。归纳起来,全部账户的结构如图2-6所示。

| 借 | 账户名称 | 贷 |
|---|---|---|
| 资产增加<br>费用增加<br>负债和所有者权益减少<br>收入转销 | | 资产减少<br>费用成本转销<br>负债和所有者权益增加<br>收入增加 |
| 期末余额:资产余额 | | 期末余额:负债和所有者权益余额 |

图2-6

## (三) 借贷记账法的记账规则

记账规则是指在账户中记录经济业务的规律性，它是根据不同类型经济业务在账户中登记的结果总结而成的。

每一项经济业务都必然引起两个或者两个以上项目发生变化，经济业务的发生不外乎九种类型，运用借贷记账符号将九类经济业务在两个或两个以上相互联系的账户记录的情况举例如下。

【例2-1】用银行存款50 000元购买材料。

这笔经济业务的发生使原材料和银行存款账户项目一增一减。"原材料"和"银行存款"都属于资产类账户。原材料的增加应记借方，银行存款的减少应记贷方，借贷金额相等，如图2-7所示。

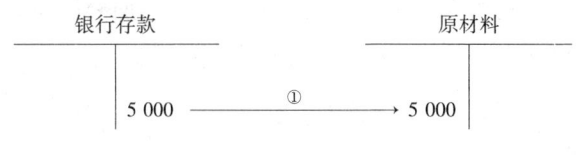

图2-7

【例2-2】借入短期借款直接偿还应付账款20 000元。

这笔经济业务的发生使短期借款和应付账款账户项目一增一减。"短期借款"和"应付账款"都属于负债类账户。短期借款的增加应记贷方，应付账款的减少应记借方，借贷金额相等，如图2-8所示。

图2-8

【例2-3】企业将资本公积100 000元转增实收资本。

这笔经济业务的发生使实收资本和资本公积账户项目一增一减。"实收资本"和"资本公积"都属于所有者权益类账户。实收资本增加应记贷方，资本公积的减少应记借方，借贷金额相等，如图2-9所示。

【例2-4】根据合同规定，甲公司将收回对本企业的投资100 000元，并将这100 000元转为对本企业的长期借款。

这笔经济业务的发生使长期借款和实收资本账户项目一增一减。"长期借

## 第二章 会计信息生成方法

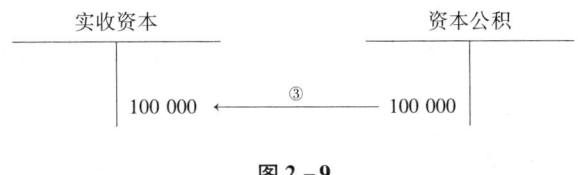

图 2-9

款"属于负债类账户,负债增加应记贷方;"实收资本"属于权益类账户,所有者权益减少应记借方;借贷金额相等,如图 2-10 所示。

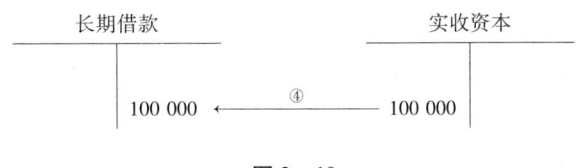

图 2-10

【例 2-5】投资方乙公司把借给企业的长期借款 150 000 元转为对本企业的投资。

这笔经济业务的发生使实收资本和长期借款账户项目一增一减。"实收资本"属于所有者权益类账户,所有者权益增加应记贷方,"长期借款"属于负债类账户,负债减少应记借方,借贷金额相等,如图 2-11 所示。

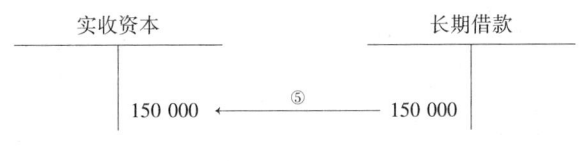

图 2-11

【例 2-6】购买原材料计价款 31 000 元,货款尚未支付。

这笔经济业务的发生使原材料和应付账款账户项目同时增加。"原材料"属于资产类账户,资产增加应记借方;"应付账款"属于负债类账户,负债的增加应记贷方;借贷金额相等,如图 2-12 所示。

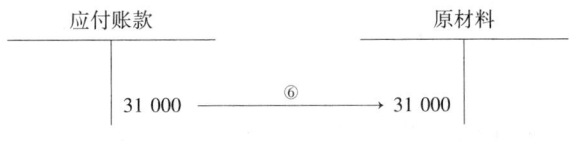

图 2-12

【例 2-7】用银行存款偿还长期借款 100 000 元。

这笔经济业务的发生使银行存款和长期借款账户项目同时减少。"银行存款"是资产类账户,资产的减少应记贷方;"长期借款"属于负债类账户,负债的减少应记借方;借贷金额相等,如图 2-13 所示。

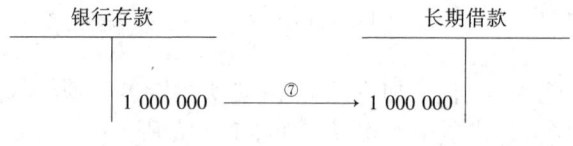

图 2-13

【例 2-8】 接受投资者投入新设备 1 台,价值 38 000 元。

这笔经济业务的发生使固定资产和实收资本账户项目同时增加。"固定资产"属于资产类账户,资产增加应记借方;"实收资本"属于所有者权益类账户,所有者权益增加应记贷方;借贷金额相等,如图 2-14 所示。

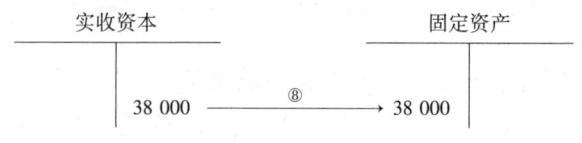

图 2-14

【例 2-9】 根据合营合同的规定,合营期满投资方收回对本企业的投资 250 000 元,从银行存款中划出。

这笔经济业务的发生使银行存款和实收资本账户项目同时减少。"银行存款"属于资产类账户,资产减少应记贷方;"实收资本"属于所有者权益类账户,所有者权益减少应记借方;借贷金额相等,如图 2-15 所示。

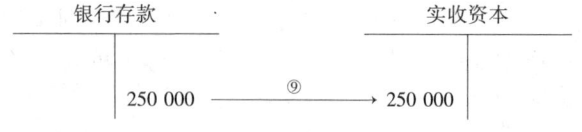

图 2-15

总结九种经济业务类型借贷的规律如图 2-16 所示。当一笔经济业务发生以后,在记入一个账户借方的同时记入另一个账户的贷方,而且记入借、贷双方的金额相等。由此,归纳出借贷记账法的记账规则是"有借必有贷,借贷必相等"。

## 第二章 会计信息生成方法

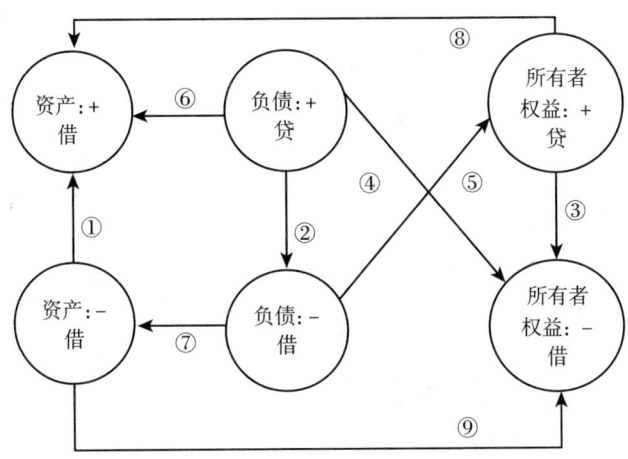

图 2-16

### （四）会计分录

为了方便记账工作，保护账户记录的正确性，在经济业务记入账户前，应先根据经济业务所涉及的账户名称、借贷方向和金额编制会计分录，然后再据以登记入账。会计分录是标明某项经济业务应借、应贷账户及其金额的记录。它是记账凭证在会计教学中运用的一种简化形式。

编制会计分录的步骤：

（1）确定账户名称。

分析每一项经济业务，根据会计制度规定的会计科目对号入座，确定两个或两个以上的账户名称。

（2）分析借贷方向。

根据借贷记账法记账符号的规定，在确定经济业务所涉及账户的性质后确定借贷方向。

（3）计算金额。

根据经济业务发生的实际数量和单价，计算出每个账户应记录的金额。

（4）检查借贷平衡。

根据借贷记账法"有借必有贷，借贷必相等"的记账规则检查每一会计分录的借贷是否平衡。这是一定时期全部经济业务登记入账后进行试算平衡的前提条件。

仍以前面所举九类经济业务为例，编制会计分录：

［例2-1］借：原材料　　　　　　　　　　　　50 000
　　　　　贷：银行存款　　　　　　　　　　　　　　50 000
［例2-2］借：应付账款　　　　　　　　　　　　20 000
　　　　　贷：短期借款　　　　　　　　　　　　　　20 000
［例2-3］借：资本公积　　　　　　　　　　　100 000
　　　　　贷：实收资本　　　　　　　　　　　　　 100 000
［例2-4］借：实收资本　　　　　　　　　　　100 000
　　　　　贷：长期借款　　　　　　　　　　　　　 100 000
［例2-5］借：长期借款　　　　　　　　　　　150 000
　　　　　贷：实收资本　　　　　　　　　　　　　 150 000
［例2-6］借：原材料　　　　　　　　　　　　 31 000
　　　　　贷：应付账款　　　　　　　　　　　　　　31 000
［例2-7］借：长期借款　　　　　　　　　　　100 000
　　　　　贷：银行存款　　　　　　　　　　　　　 100 000
［例2-8］借：固定资产　　　　　　　　　　　 38 000
　　　　　贷：实收资本　　　　　　　　　　　　　　38 000
［例2-9］借：实收资本　　　　　　　　　　　250 000
　　　　　贷：银行存款　　　　　　　　　　　　　 250 000

从以上会计分录的排列可以总结出会计分录的格式，即借方科目在上，贷方科目在下，而且借、贷方科目及金额错开一至两个字位，借方靠前，贷方靠后。这种排列方式以借贷记账法的记账规则为依据，以便于检查会计分录的借贷是否平衡。

按照每一个会计分录所涉及的账户个数及账户之间的关系，会计分录可以分为两类：

（1）简单会计分录。

简单会计分录是指一个账户借方只同另一个账户贷方发生对应关系的会计分录，即一借一贷的会计分录。上述［例2-1］至［例2-9］所涉及的账户只有两个，都是简单会计分录。

（2）复合会计分录。

复合会计分录有一借多贷、一贷多借和多借多贷三种类型。复合会计分录可以拆分为若干个简单会计分录。

① 一借多贷的复合会计分录。这是指一个账户借方同几个账户贷方发生对应关系的会计分录。

【例2-10】购进原材料50 000元，其中30 000元用银行存款支付，其余20 000元尚未支付。编制会计分录如下：

## 第二章 会计信息生成方法

```
借：原材料                                      50 000
    贷：银行存款                                  30 000
        应付账款                                  20 000
```

② 一贷多借的复合会计分录。这是指一个账户贷方同几个账户借方发生对应关系的会计分录。

【例2-11】企业收回购买单位前期所欠货款62 000元，其中60 000元存入银行，2 000元为现金。编制会计分录如下：

```
借：银行存款                                    60 000
    库存现金                                     2 000
    贷：应收账款                                  62 000
```

③ 多借多贷的复合会计分录。多借多贷的会计分录是指借方账户和贷方账户各包括两个或两个以上的会计分录。

【例2-12】销售产品一批，计贷款16 000元，随货销售单独计价的包装物500元，收到全部货款，其中存入银行存款15 500元，收到现金1 000元。编制会计分录如下：

```
借：银行存款                                    15 500
    库存现金                                     1 000
    贷：主营业务收入                              16 000
        其他业务收入                                 500
```

需要指出的是，绝不能人为地将不同类型的经济业务合并编制多借多贷的复杂会计分录，否则将造成会计分录中的对应关系不清，不能明确反映经济业务的实际情况。企业是否编制多借多贷的复合会计分录取决于如实反映经济业务的客观要求。

在会计分录中，应借应贷账户之间的相互关系称为账户的对应关系，发生对应关系的账户称为对应账户。编制会计分录要求账户之间的对应关系明确，以正确反映经济业务之间的实际联系；反之，了解和掌握会计分录中账户的对应关系就可以了解经济业务的具体内容，了解资金运动的来龙去脉。

### （五）试算平衡

试算平衡是为了保证会计账务处理的正确性，依据复式记账原理对本期各账户的全部记录进行汇总和测算，以检查和验证账户记录正确性和完整性的方法。

借贷记账法的试算平衡包括全部账户发生额试算平衡和全部账户余额试算平衡。

**1. 账户发生额试算平衡**

账户发生额试算平衡以借贷记账法的记账规则为依据。当经济业务发生时,运用借贷记账法的记账规则编制会计分录,对每一项发生的经济业务分别等额地记入有关账户的借方和贷方,当一定期间内的全部会计分录都记入有关账户后,全部账户的借方发生额合计数与贷方发生额合计数也必然相等。因此,全部账户发生额试算平衡的公式为:

全部账户本期借方发生额合计数 = 全部账户本期贷方发生额合计数

**2. 账户余额试算平衡**

账户余额试算平衡以会计恒等式为依据。在借贷记账法下,由于资产类账户的余额在借方,负债和所有者权益类账户的余额在贷方,根据"资产 = 负债 + 所有者权益",全部账户借方余额合计和全部账户贷方余额合计也必然相等,因此,全部账户余额试算平衡的公式为:

全部账户本期借方余额合计数 = 全部账户本期贷方余额合计数

会计期末,在已经结出各个账户的本月发生额和月末余额的基础上,试算平衡通常是通过编制总分类账户试算平衡表进行的,一般在月末编制试算平衡表。试算平衡表的格式有两种:一种是本期发生额和期末余额试算平衡表分别编制,其格式如表 2-3 和表 2-4 所示;另一种是将总分类账户本期发生额和总分类账户期末余额的试算平衡合并编制在一张表格上,其格式如表 2-5 所示。为了减少工作量,一般都采取合并编制一张试算平衡表的方法。

表 2-3　　　　　　　　总分类账户本期发生额试算平衡表

年　　月　　　　　　　　　　　　单位:元

| 账户名称 | 借方发生额 | 贷方发生额 |
|---|---|---|
|  |  |  |
| 合　　计 |  |  |

表 2-4　　　　　　　　总分类账户本期余额试算平衡表

年　　月　　　　　　　　　　　　单位:元

| 账户名称 | 借方余额 | 贷方余额 |
|---|---|---|
|  |  |  |
| 合　　计 |  |  |

# 第二章 会计信息生成方法

表 2-5　　　　　　　　总分类账户本期发生额和余额试算平衡表

年　月　　　　　　　　　　　　　　　　　　　　单位：元

| 账户名称 | 期初余额 | | 本期发生额 | | 期末余额 | |
|---|---|---|---|---|---|---|
| | 借方 | 贷方 | 借方 | 贷方 | 借方 | 贷方 |
| | | | | | | |
| | | | | | | |
| | | | | | | |
| | | | | | | |
| 合　计 | | | | | | |

必须指出，试算平衡只是通过借贷金额是否平衡来检查账户记录是否正确。如果借贷不平衡，可以肯定账户记录或计算有错误，应查明原因予以更正。但如果试算平衡，并不能保证记账绝对没有错误，这是因为那些不影响借贷双方平衡的错误，如漏记、重记或记错了账户等错误，不能通过试算平衡来发现，还需采取其他的对账方法来检查错误，以保证记账结果的正确性。下面举例说明。

例：B 公司 2011 年 3 月 1 日各账户的期初余额如下：银行存款 450 000 元，原材料 210 000 元，固定资产 930 000 元，短期借款 110 000 元，应付账款 110 000 元，长期借款 170 000 元，实收资本 1 090 000 元，资本公积 110 000 元，3 月份该公司发生的经济业务为［例 2-1］至［例 2-9］。根据上述会计分录登记"T"字账户如下：

| 借方 | 银行存款 | | 贷方 |
|---|---|---|---|
| 期初余额： | 450 000 | ① | 50 000 |
| | | ⑦ | 100 000 |
| | | ⑨ | 250 000 |
| 本期发生额： | 0 | | 400 000 |
| 期末余额： | 50 000 | | |

| 借方 | 原材料 | | 贷方 |
|---|---|---|---|
| 期初余额： | 210 000 | | |
| ① | 50 000 | | |
| ⑥ | 31 000 | | |
| 本期发生额： | 81 000 | | |
| 期末余额： | 291 000 | | |

| 借方 | 固定资产 | | 贷方 |
|---|---|---|---|
| 期初余额： | 930 000 | | |
| ⑧ | 38 000 | | |
| 本期发生额： | 38 000 | | |
| 期末余额： | 968 000 | | |

| 借方 | 短期借款 | | 贷方 |
|---|---|---|---|
| | | 期初余额： | 110 000 |
| | | ② | 20 000 |
| 本期发生额： | 0 | | 20 000 |
| | | 期末余额： | 130 000 |

| 借方 | 应付账款 | | 贷方 | 借方 | 长期借款 | | 贷方 |
|---|---|---|---|---|---|---|---|
| | | 期初余额： | 110 000 | | | 期初余额： | 170 000 |
| ② | 20 000 | ⑥ | 31 000 | ⑤ | 150 000 | ④ | 100 000 |
| | | | | ⑦ | 100 000 | | |
| 本期发生额： | 20 000 | | 31 000 | 本期发生额： | 250 000 | | 100 000 |
| | | 期末余额： | 121 000 | | | 期末余额： | 20 000 |

| 借方 | 实收资本 | | 贷方 | 借方 | 资本公积 | | 贷方 |
|---|---|---|---|---|---|---|---|
| | | 期初余额： | 1 090 000 | | | 期初余额： | 110 000 |
| ④ | 100 000 | ③ | 100 000 | ③ | 100 000 | | |
| ⑨ | 250 000 | ⑤ | 150 000 | | | | |
| | | ⑧ | 38 000 | | | | |
| 本期发生额： | 350 000 | | 288 000 | 本期发生额： | 100 000 | 期末余额： | 10 000 |
| | | 期末余额： | 1 028 000 | | | | |

根据上述账户结出的本期发生额和期末余额编制本期发生额和余额试算平衡表如表2-6所示。

表2-6　　　　　　　　总分类账户本期发生额和余额试算平衡表

2011年3月　　　　　　　　　　　　　　　　　　　　　　　　　　单位：元

| 账户名称 | 期初余额 | | 本期发生额 | | 期末余额 | |
|---|---|---|---|---|---|---|
| | 借方 | 贷方 | 借方 | 贷方 | 借方 | 贷方 |
| 银行存款 | 450 000 | | | 400 000 | 50 000 | |
| 原材料 | 210 000 | | 81 000 | | 291 000 | |
| 固定资产 | 930 000 | | 38 000 | | 968 000 | |
| 短期借款 | | 110 000 | 20 000 | | | 130 000 |
| 应付账款 | | 110 000 | 20 000 | 31 000 | | 121 000 |
| 长期借款 | | 170 000 | 250 000 | 100 000 | | 20 000 |
| 实收资本 | | 1 090 000 | 350 000 | 288 000 | | 1 028 000 |
| 资本公积 | | 110 000 | | 100 000 | | 10 000 |
| 合　计 | 1 590 000 | 1 590 000 | 839 000 | 839 000 | 1 309 000 | 1 309 000 |

第二章　会计信息生成方法

# 第四节　会计凭证

## 一、会计凭证及其种类

会计凭证是记录经济业务、明确经济责任并作为记账依据的书面证明。填制和审核会计凭证是会计核算的专门方法之一，也是进行会计核算工作的初始环节。它对于如实反映和有效控制企业的经济活动，保证会计信息的真实、完整有着重要意义。

会计凭证按填制的程序和用途可以分为原始凭证和记账凭证两种。

### (一) 原始凭证

原始凭证是证明经济业务已经发生或完成、明确经济责任并据以记账的书面文件。原始凭证一般是在经济业务发生时直接取得或填制的，它是记录经济业务的内容和完成情况的原始资料并具有法律效力的书面证明。会计工作中应用的原始凭证种类很多，如收货单、发票、领料单、各种报销凭证、银行结算凭证等都属于原始凭证。此外，对于一些经常重复发生的经济业务，还可以根据同类原始凭证编制原始凭证汇总表作为记账依据，以简化核算工作，如根据发货单编制发货汇总表等。

原始凭证按其来源不同，可分为自制原始凭证和外来原始凭证两种。

**1. 自制原始凭证**

它是由本单位经办业务的部门和人员，在执行或完成某项经济业务时所编制的凭证。

自制原始凭证按其反映业务的内容和填制方法的不同又可分为一次凭证（见表2-7）、累计凭证（见表2-8）、汇总原始凭证（见表2-9）三种。

**2. 外来原始凭证**

它是指在经济业务发生时从外单位取得的原始凭证，如由销货单位开给的发票、由收款单位或个人开给的收据等。销货单位增值税专用发票如表2-10所示。

### (二) 记账凭证

记账凭证是会计人员根据审核后的原始凭证或汇总原始凭证的经济内容、运用复式记账法确定会计分录并作为记账依据的一种会计凭证。记账凭证按其反映的经济业务是否与货币资金有关分为收款凭证、付款凭证和转账凭证三种。

# 会 计 学

**表 2–7**　　　　　　　　　　　　　**（企业名称）**
　　　　　　　　　　　　　　　　　　领料单
　　　　　　　　　　　　　　　　　年　月　日

| 领用车间或部门： | | | | 凭证编号： | | | |
|---|---|---|---|---|---|---|---|
| 用　　　途： | | | | 仓　库： | | | |
| 材料类别 | 材料编号 | 材料名称及规格 | 计量单位 | 数量 || 单价 | 金额 |
| | | | | 请领 | 实发 | | |
| | | | | | | | |
| | | | | | | | |
| 备注 | | | | | | 合计 | |

记账：　　　　　　发料：　　　　　　领料部门负责人：　　　　　　领料：

**表 2–8**　　　　　　　　　　　　　**（企业名称）**
　　　　　　　　　　　　　　　　　限额领料单
　　　　　　　　　　　　　　　　　　年　月

| 领用车间： | | 名称规格： | | 计划产量： | |
|---|---|---|---|---|---|
| 用　　途： | | 计量单位： | | 单位消耗定额： | |
| 材料类别编号： | | 领用定额： | | 单　价： | |
| 领用日期 | 请领数量 | 实发数量 | 累计实发数量 | 限额结余 | 领料人 |
| | | | | | |
| 累计实发金额 | | | | 发料人 | |

供应部门负责人：　　　　　　领料单位负责人：　　　　　　生产部门负责人：

**表 2–9**　　　　　　　　　　　　**发 料 汇 总 表**
材料类别：　　　　　　　　　　　　年　月　日　　　　　　　　　附领料单　份

| 用途 | 基本生产车间 || 辅助生产车间 || 厂部营销部门 | 厂部管理部门 | 合计 |
|---|---|---|---|---|---|---|---|
| | A车间 | B车间 | C车间 | D车间 | | | |
| 生产领用 | | | | | | | |
| 一般消耗 | | | | | | | |
| 合计 | | | | | | | |

会计负责人：　　　　　　　　　复核：　　　　　　　　　　　制表：

# 第二章 会计信息生成方法

表 2-10　　　　　　　　　　增值税专用发票　　　　　　　　No.
　　　　　　　　　　　　　　　发　票　联　　　　　　　　　　开票日期：

| 购货单位 | 名称：<br>纳税人识别号：<br>地址、电话：<br>开户行及账号： | | | 密码区 | | | | |
|---|---|---|---|---|---|---|---|---|
| 货物或应税劳务名称 | | 规格型号 | 单位 | 数量 | 单价 | 金额 | 税率 | 税额 |
| | | | | | | | | |
| 合计 | | | | | | | | |
| 价税合计（大写） | | | | | （小写） | | | |
| 销货单位 | 名称：<br>纳税人识别号：<br>地址、电话：<br>开户行及账号： | | | 备注 | | | | |

收款人：　　　　　复核：　　　　　开票人：　　　　　销货单位：（章）

**1. 收款凭证**

它是反映货币资金收入业务的记账凭证，一般包括库存现金和银行存款收款凭证。其格式如表 2-11 所示。

表 2-11　　　　　　　　　　**收　款　凭　证**　　　　　　　　总号：
借方科目：　　　　　　　　　　年　月　日　　　　　　　　　　分号：

| 摘　　要 | 贷方科目 | | √ | 金　　额 | | | | | | | | 附件 |
|---|---|---|---|---|---|---|---|---|---|---|---|---|
| | 总账科目 | 二级或明细科目 | | 百 | 拾 | 万 | 千 | 百 | 拾 | 元 | 角 | 分 |
| | | | | | | | | | | | | 张 |
| | | | | | | | | | | | | |
| | | | | | | | | | | | | |
| 合计（大写） | | | | | | | | | | | | |

会计主管：　　　记账：　　　出纳：　　　复核：　　　制单：

**2. 付款凭证**

它是反映货币资金支出业务的记账凭证，一般包括库存现金和银行存款付款凭证。其格式如表 2-12 所示。

# 会 计 学

表2-12　　　　　　　　　　　付 款 凭 证　　　　　　　　总号：
贷方科目：　　　　　　　　　　年　月　日　　　　　　　　　分号：

| 摘　要 | 借方科目 | | √ | 金　额 | | | | | | | | |
|---|---|---|---|---|---|---|---|---|---|---|---|---|
| | 总账科目 | 二级或明细科目 | | 百 | 拾 | 万 | 千 | 百 | 拾 | 元 | 角 | 分 |
| | | | | | | | | | | | | |
| | | | | | | | | | | | | |
| | | | | | | | | | | | | |
| | | | | | | | | | | | | |
| 合计（大写） | | | | | | | | | | | | |

附件　　张

会计主管：　　　记账：　　　出纳：　　　复核：　　　制单：

### 3. 转账凭证

它是反映不涉及货币资金收付业务的记账凭证，即记录转账业务的记账凭证。其格式如表2-13所示。

表2-13　　　　　　　　　　　转 账 凭 证　　　　　　　　总号：
单位名称：　　　　　　　　　　年　月　日　　　　　　　　　分号：

| 摘要 | 总账科目 | 明细科目 | √ | 借方金额 | | | | | | | | | 贷方金额 | | | | | | | | |
|---|---|---|---|---|---|---|---|---|---|---|---|---|---|---|---|---|---|---|---|---|---|
| | | | | 百 | 十 | 万 | 千 | 百 | 十 | 元 | 角 | 分 | 百 | 十 | 万 | 千 | 百 | 十 | 元 | 角 | 分 |
| | | | | | | | | | | | | | | | | | | | | | |
| | | | | | | | | | | | | | | | | | | | | | |
| | | | | | | | | | | | | | | | | | | | | | |
| | | | | | | | | | | | | | | | | | | | | | |
| 合　计 | | | | | | | | | | | | | | | | | | | | | |

附件　　张

会计主管：　　　记账：　　　复核：　　　制单：

以上三种记账凭证是专门用来记录某项经济业务的，所以又称为专用记账凭证。但也有一些经济业务量不多的企业不区分收款、付款和转账业务，都使用一种通用的记账凭证格式，这种记账凭证格式如转账凭证，可以称为通用记账凭证。

## 二、原始凭证的填制和审核

经济业务的多样性，使得记录经济业务的各种原始凭证其具体内容和格式也不尽相同。正确填制原始凭证是保证账簿记录能够如实反映经济活动情况的关键。

# 第二章　会计信息生成方法

## （一）原始凭证的基本内容

（1）原始凭证的名称，即说明该凭证所记录的经济业务的内容，以便于会计人员迅速准确确定应记录的账户名称。如销货发票涉及的账户应该是主营业务收入与银行存款或应收账款等；领料单涉及的账户应该是成本或费用账户与原材料账户等。

（2）凭证的日期及编号。填制凭证的日期即经济业务发生或完成的日期。原始凭证编号是防止作弊、加强管理的必要措施。如企业在税务机关购买的发票，每一份必须连续编号，并在发票购买本上记录编号起止数。

（3）填制单位的名称。

（4）接受凭证单位的名称。

（5）经济业务的内容摘要。

（6）经济业务所涉及的数量、单价和金额。经济业务的数量、单价及金额是会计核算的重要内容，没有数量、单价及金额的原始资料，如合同意向书等，缺乏原始凭证的基本内容，则不能作为原始凭证。

（7）经办人员的签字或盖章。

有的原始凭证除了包括以上基本内容外，还附带有一些补充内容，如经济合同、预算指标等，以满足计划、统计和其他管理部门的需要。

## （二）原始凭证的填制要求

**1. 真实可靠**

原始凭证上填列的所有内容必须真实可靠。应根据经济业务的实际发生情况进行填制，不能以估算和匡算的数字填列。

**2. 及时填制**

对经济业务的执行和完成情况应及时填制原始凭证，这对于保证会计资料的时效是非常重要的；否则事过境迁，记忆模糊，容易出现差错。

**3. 内容齐全**

原始凭证中的基本内容必须填写齐全，不可缺漏。项目填写不全的原始凭证不能作为经济业务的合法证明，也不能作为有效的会计凭证。如果是外来原始凭证，凭证上需盖有外单位公章或发票专用章。对外开出的原始凭证必须加盖本单位公章或发票专用章。从个人取得的原始凭证必须有填制人员的签名或盖章。自制原始凭证必须有经办单位的领导人或者由单位领导人指定的人员签名或盖章。购买实物的原始凭证必须有验收证明，即必须有购买人以外的第三方的查证核实。

**4. 填写清楚**

原始凭证中的文字说明和数字要填写清楚、整齐、易于辨认，符合规范，数量、单价、金额等的计算要正确无误。原始凭证中的大小写金额必须相符。

（1）阿拉伯数字应逐个填写，不能连笔写。阿拉伯金额数字最高位前面应写人民币符号"￥"。人民币符号与阿拉伯金额数字之间不得留有空隙。凡阿拉伯数字前写有币种符号的，数字后面不再写货币单位。

（2）所有以元为单位的阿拉伯数字，除表示单价等情况外，一律填写到角分位。无角分的，角位、分位可写"00"，或符号"—"。有角无分的，分位应写"0"，不应写符号"—"。

（3）汉字大写金额数字一律用正楷字或行书字书写，如壹、贰、叁、肆、伍、陆、柒、捌、玖、拾、佰、仟、万、亿、元、角、分、零、整等，不得使用简化字，且数字之间不得留有空隙。

（4）阿拉伯金额数字中间有"0"时，汉字大写金额需写"零"字。如￥809，汉字大写金额应为：捌佰零玖元整。又如￥8 009.89，应为：捌仟零玖元捌角玖分，即阿拉伯金额数字中间连续有几个"0"时，汉字大写金额中可以只写一个"零"字。阿拉伯金额数字末位是"0"时，汉字大写金额可以只写一个"零"字，也可不写"零"字。如"￥300.40"，应为：叁佰元零肆角整或叁佰元肆角整。

（5）大写金额数字有分的，分后面不加"整"或"正"字；大写金额数字只有角或元的，在角或元后面加"整"或"正"字。

（6）一般凭证的书写错误，应用规定方法予以更正，不得随意修改、刮擦挖补。对于重要的原始凭证如支票、增值税发票等，一律不得有任何涂改；如出现书写错误，应盖"作废"戳记或书写"作废"字样注销并保留，再重新填写。如是外来原始凭证，则应当由开出单位重开或者更正，更正处要加盖开出单位的公章。

### （三）原始凭证的审核

原始凭证的审核一般可以从以下三个方面进行：

**1. 合法性、合规性审核**

合法性、合规性审核包括：

（1）原始凭证所记录的经济业务是否符合国家的有关方针、政策、法令、制度，是否违反财务、会计制度、合同、计划等。

（2）原始凭证所反映的经济业务的办理程序是符合相关规定，凭证要素是否存在弄虚作假、涂改等。对于弄虚作假、营私舞弊、伪造涂改凭证等违法乱纪

## 第二章 会计信息生成方法

行为，应立即扣留凭证，及时向领导汇报，以便于进行严肃处理。

**2. 完整性审核**

完整性审核包括：

（1）原始凭证的要素内容是否填写齐全。对于内容填列不全、手续不完备、书写不清楚的原始凭证，应退回补办手续或更正后才能据以办理有关业务并登记入账。

（2）审批手续是否完备。有关经办人员是否都已签名或盖章，手续是否完备。如发现审批手续不完备的情况，会计人员有权拒绝付款、报销或执行。

**3. 正确性审核**

审核原始凭证的摘要和数字是否填写清楚、正确，数量、单价、金额、合计数等有无差错，大写与小写金额是否相等。

### 三、记账凭证的填制和审核

记账凭证是用来确定和编制会计分录并据以登记账簿的一种凭证。它可以根据每一张原始凭证编制，也可根据汇总原始凭证编制。它的作用是便于登记账簿，保证账簿记录的质量。

#### （一）记账凭证的基本内容

（1）填制单位的名称，即会计主体的名称。

（2）记账凭证的名称，采用通用记账凭证格式的就称为记账凭证。采用专用记账凭证格式的分别称为收款凭证、付款凭证和转账凭证。

（3）凭证的编制日期和编号。记账凭证的编制日期就是填写记账凭证的日期。记账凭证的编号是凭证编制的顺序号。

（4）经济业务的内容摘要。

（5）会计分录即应借、应贷的科目名称及金额，包括总分类科目和明细分类科目的名称及金额。这是记账凭证的主要部分。

（6）所附原始凭证的张数。

（7）各项签章必须要有制单、审核、记账及会计主管等人员签章。收、付款凭证还要有出纳人员的签名盖章。

#### （二）记账凭证的填制要求

**1. 摘要简明清晰**

记账凭证的摘要栏应简明扼要地说明经济业务的类型及内容，如"用现金购买办公用品"等,以满足登记账簿和核查经济业务的需要。

**2. 记录完整准确**

记账凭证的内容必须填制完整,不能遗漏应有的项目,并确保该张记账凭证所记录的经济业务的来龙去脉和应借、应贷账户之间的对应关系准确、清晰。值得注意的是,不同类经济业务的原始凭证不能合并编制一张记账凭证,防止造成记账凭证的对应关系不清楚。

**3. 科目合规、准确**

根据记账凭证记录经济业务时,必须按照会计准则及制度统一规定的会计科目及其核算内容编制会计分录,不能任意改变会计科目及核算内容,以保证科目使用的合规性、准确性和会计信息的真实、完整。

**4. 附件内容完整**

除结账和更正错账的记账凭证没有原始凭证外,其他记账凭证必须附原始凭证并注明所附原始凭证的张数,以便以后审计时查阅原始凭证,并通过查阅原始凭证判断会计分录的编制是否正确。所附原始凭证张数的计算,一般应以原始凭证的自然张数为准。但对于报销差旅费等零散票券,可以把全部票券粘在一张纸上,作为一张原始凭证。

**5. 凭证编号连续**

凭证编号依企业使用的记账凭证种类的不同而不同。如果企业使用通用记账凭证,则凭证编号按编制的顺序连续编号;如果企业使用收款凭证、付款凭证、转账凭证的专用记账凭证,则凭证编号可采用"字号编号法",即按凭证种类顺序编号,如:收字第×号,付字第×号,转字第×号等。如果企业使用现金收款凭证、现金付款凭证、银行存款收款凭证、银行存款付款凭证、转账凭证五类格式的记账凭证,则凭证编号可分别为:现收第×号,现付第×号,银收第×号,银付第×号,转字第×号等。如果某项经济业务需编制多张记账凭证,可采用"分数编号法"。如某项经济业务需编制 2 张记账凭证,总顺序号为转字第 18 号,则两张记账凭证的编号分别为转字第 $18\frac{1}{2}$ 号、转字第 $18\frac{2}{2}$ 号。

**6. 凭证全面检查**

记账凭证各项目填制完成后,应进行全面复核、检查。如检查借贷双方及总分类科目和所属明细分类科目的金额是否平衡,复核所附原始凭证的合计数是否与记账凭证上的金额相等,如有空行,应从金额栏最后一笔金额数字下的空行处自合计数上的空行处划线注销,检查有关人员是否签名盖章等。

另外,对于现金和银行存款之间相互划转的款项,如从银行提取现金或以现金存入银行,按规定只编制一张付款凭证,即从银行提取现金时只编制银行存款付款凭证，以现金存入银行时只编制现金付款凭证，这样就可以避免重复记账。

### （三）记账凭证的审核

记账凭证的审核一般可以从以下几个方面进行：

**1. 合规性审核**

根据相关法规以及会计准则和会计制度的规定，审核记账凭证所记录的内容是否合规合法。

**2. 正确性审核**

审核记账凭证的内容是否填制正确，记账凭证是否附有审核无误的原始凭证，所附原始凭证的经济内容是否与记账凭证的内容一致，应借应贷会计科目和金额是否正确，摘要栏的填写内容是否与经济业务相吻合。

**3. 完整性审核**

审核记账凭证的内容是否填制完整，有关人员是否签名或盖章。

记账凭证经过审核，如有错误，应及时查明原因，并按规定的方法予以更正。只有经过审核无误的记账凭证，才能作为记账的依据。

## 第五节　会计账簿

登记账簿是会计循环程序中的一个重要环节，科学地设置账簿和正确地登记账簿对于会计信息的生成至关重要。

### 一、会计账簿及种类

在会计核算工作中，各企事业单位对日常发生的经济业务都必须取得或填制原始凭证，并加以审核确认，据以编制记账凭证。但是会计凭证对经济业务的反映是分散的、零星的，还不能把单位在某一时期内的全部经济业务活动情况全面、连续、系统地反映出来。为了便于了解单位在某一时期内的全部经济活动情况，就需要运用登记账簿的专门方法。

会计账簿是以会计凭证为依据，由具有专门格式而又互相联系的若干账页组成，用以连续、系统、全面地记录和反映经济业务的簿籍。会计账簿可以按照不同的方式分类。

## （一）按照账簿的用途分类

账簿按照不同的用途可以分为三大类：序时账簿、分类账簿和备查账簿。

**1. 序时账簿**

序时账簿也称日记账。它是按照经济业务发生时间的先后顺序逐日逐笔进行登记的账簿。日记账又分为普通日记账和特种日记账。普通日记账是将企业每天发生的所有经济业务不论其性质如何，按其先后顺序登记的账簿。特种日记账是按经济业务性质单独设置的账簿，它只把特定项目按经济业务顺序记入账簿，反映其详细情况，如现金日记账和银行存款日记账。各单位需设置现金日记账和银行存款日记账。

**2. 分类账簿**

分类账簿是对全部经济业务进行分类登记的账簿。按其反映内容的详细程度不同，又分为总分类账和明细分类账。总分类账簿简称总账，根据总账科目设置账户，用来分类登记全部经济业务，提供总括核算资料。明细分类账簿简称明细账，根据明细科目设置账户，用以分类登记某一类经济业务，提供明细核算资料。

**3. 备查账簿**

备查账簿又称辅助账簿。它是对某些在序时账和分类账中未能记载的事项进行补充登记的账簿。它可以用来记录一些日后查阅的有关经济事项，如"租入固定资产登记簿"、"代销商品登记簿"等。备查账簿只是对账簿记录的一种补充，是否需要设置备查账簿，应视实际需要而定。

## （二）按照账簿的外表形式分类

账簿按照外表形式可以分为订本式账簿、活页式账簿和卡片式账簿三种。

**1. 订本式账簿**

订本式账簿是把具有一定格式的账页加以编码并固定装订成册的账簿。它的优点是可以避免账页的散失或被抽换；缺点是账页固定后不便于分工记账，也不能根据需要增减账页。特种日记账如现金日记账、银行存款日记账以及总分类账必须采用订本式。

**2. 活页式账簿**

活页式账簿是把零星的账页装在账夹内，可以随时增添或取出账页的账簿。这种账簿的优点是可以根据需要增减或重新排列账页，并且便于分工记账；缺点是账页容易散乱丢失或被抽换。因此，采用活页式账簿平时应按账页顺序编号，并在会计期末装订成册。这种账簿主要用于一般明细分类账。

## 第二章 会计信息生成方法

**3. 卡片式账簿**

卡片式账簿是由专门格式、分散的卡片作为账页，存放在卡片箱内保管的账簿。它实际上是一种活页账，除了具有一般活页账的优点外，它还可以跨年度使用，不需每年更换账页。"固定资产明细账"一般采用卡片式账簿。

### （三）按照账簿的账页格式分类

按照账簿的账页格式分类，可分为三栏式账簿、数量金额式账簿、多栏式账簿三种。

**1. 三栏式账簿**

三栏式账簿是由借、贷、余三个金额栏的账页组成的账簿。

**2. 数量金额式账簿**

数量金额式账簿也称双三栏式账簿，是指在借、贷、余三大栏内再设置数量、单价、金额三小栏的账页组成的账簿。

**3. 多栏式账簿**

多栏式账簿是指三个以上金额栏的账页组成的账簿。

采用何种账页格式，需根据会计核算内容的特点决定。

## 二、会计账簿的设置与登记

### （一）日记账的设置与登记

如前所述，日记账分为普通日记账和特种日记账两种。目前各单位一般没有设置按照全部经济业务完成时间的先后顺序进行登记的普通日记账，而是按重要性原则设置现金和银行存款的特种日记账。因此，下面只说明现金日记账和银行存款日记账的设置和登记。

**1. 现金日记账**

现金日记账是顺序登记现金收付业务的日记账。通过现金日记账逐日逐笔地反映现金的收支和结存，有利于加强对现金的保管、使用和监督。现金日记账的格式一般采用三栏式，也可采用多栏式。其格式如表2-14所示。

现金日记账由出纳人员根据审核无误的有关收款凭证和付款凭证序时逐笔登记。其中，根据现金收款凭证登记收入金额，根据现金付款凭证登记支出金额。每日业务终了时，应分别计算现金收入和现金支出合计数，并结出账面余额和库存现金实有数相核对，检查每日现金收、支、结余情况，做到日日清。对从银行提取现金这种业务，由于按规定编制的是银行存款付款凭证，因而应根据银行存

表2-14　　　　　　　　　　　现 金 日 记 账

| 年 | | 凭证 | | 摘　要 | 对方科目 | 收　入 | 支　出 | 结　余 |
|---|---|---|---|---|---|---|---|---|
| 月 | 日 | 收款 | 付款 | | | | | |
| | | | | | | | | |
| | | | | | | | | |
| | | | | | | | | |
| | | | | | | | | |
| | | | | 合　计 | | | | |

款付款凭证登记现金日记账的收入金额。

**2. 银行存款日记账**

银行存款日记账是用来序时反映企业银行存款的增加、减少和结存情况的账簿。通过银行存款日记账的设置和登记，可以加强对银行存款进行日常的监督和管理，并便于与银行核对账目。

银行存款日记账的格式一般采用三栏式，其基本结构与现金日记账相同。由于银行存款的收付都是根据特定的结算凭证进行的，为了反映结算凭证的种类和字号，特增设"结算凭证"一栏。三栏式银行存款日记账的格式如表2-15所示。

表2-15　　　　　　　　　　　银 行 存 款 日 记 账

| 年 | | 凭证字号 | 摘　　要 | 结算凭证 | | 对方科目 | 收入 | 付出 | 结余 |
|---|---|---|---|---|---|---|---|---|---|
| 月 | 日 | | | 种类 | 字号 | | | | |
| | | | | | | | | | |
| | | | | | | | | | |
| | | | | | | | | | |
| | | | 合　计 | | | | | | |

银行存款日记账由出纳人员根据银行存款的收款和付款凭证序时逐笔登记，每日终了结出该账户当日的银行存款收入、支出合计数和余额，并定期与银行对账单核对。对将现金存入银行这种业务，由于按规定编制的是库存现金的付款凭证，因而应根据库存现金付款凭证登记银行存款日记账的收入金额。

银行存款日记账的登记方法与现金日记账的登记方法基本相同。

## 第二章 会计信息生成方法

### （二）分类账的设置与登记

**1. 总分类账**

总分类账最常用的格式为三栏式，即分为借方金额、贷方金额和余额三栏。总分类账的登记方法由于采用的会计核算形式不同，其登记依据和登记程序不一样，既可以根据记账凭证逐笔登记，也可以将记账凭证汇总后再进行汇总登记。三栏式总账的格式如表2-16所示。

表2-16　　　　　　　　　　　总 分 类 账

会计科目_____　　　　　　　　　　　　　　　　　　　　　　　　第　页

| 年 | | 凭证字号 | 摘　要 | 借方金额 | 贷方金额 | 借或贷 | 余　额 |
|---|---|---|---|---|---|---|---|
| 月 | 日 | | | | | | |
| | | | | | | | |
| | | | | | | | |
| | | | | | | | |
| | | | | | | | |

**2. 明细分类账**

明细分类账是根据经营管理的实际需要，按照它所反映的经济业务的特点来设置的。其格式有三种。

（1）三栏式明细账。

三栏式明细账一般适用于只进行金额明细核算的账户，如债权及债务账户、实收资本账户等。三栏式明细账的格式如表2-17所示。

表2-17　　　　　　　　　　　明细分类账

二级科目或明细科目：_____

| 年 | | 凭证字号 | 摘　要 | 借方金额 | 贷方金额 | 借或贷 | 余　额 |
|---|---|---|---|---|---|---|---|
| 月 | 日 | | | | | | |
| | | | | | | | |
| | | | | | | | |
| | | | | | | | |
| | | | | | | | |
| | | | | | | | |

(2) 数量金额式明细账。

数量金额式明细账适用于既需要反映金额又需要反映数量的经济业务,如原材料、库存商品、自制半成品等实物账户的明细核算。数量金额式明细账的格式如表2-18所示。

表2-18　　　　　　　　　数 量 金 额 式 明 细 账

类别:　　　　　　　　　　品名和规格:　　　　　　　　编号:
计量单位:　　　　　　　　存放地点:　　　　　　　　　最高储存量:
计划单位:　　　　　　　　储备定额:　　　　　　　　　最低储备量:

| 年 | | 凭证字号 | 摘要 | 收入 | | | 发出 | | | 结存 | | |
|---|---|---|---|---|---|---|---|---|---|---|---|---|
| 月 | 日 | | | 数量 | 单价 | 金额 | 数量 | 单价 | 金额 | 数量 | 单价 | 金额 |
| | | | | | | | | | | | | |
| | | | | | | | | | | | | |
| | | | | | | | | | | | | |
| | | | | | | | | | | | | |

(3) 多栏式明细账。

多栏式明细账根据经济业务的特点和经营管理的要求,在同一张账页上对同属于同一级科目或二级科目的明细科目设置若干栏目,用以在同一张账页上集中反映各有关明细项目的详细研究。它主要适用于费用、成本、收入和成果等科目的明细核算。由于各种多栏式明细账所记录的经济业务内容不同,所需要核算的指标不同,因此,栏目的设置也不尽相同。生产成本多栏式明细账的格式如表2-19所示。

表2-19　　　　　　　　　　生 产 成 本 明 细 账

产品名称:　　　　　　　　批别(或生产步骤):　　　　　规格型号:

| 年 | | 凭证 | | 摘要 | 成本项目 | | | |
|---|---|---|---|---|---|---|---|---|
| 月 | 日 | 种类 | 号数 | | 直接材料 | 直接人工 | 直接燃料与动力 | 制造费用 |
| | | | | | | | | |
| | | | | | | | | |
| | | | | 生产费用合计 | | | | |

# 第二章 会计信息生成方法

**3. 总分类账和明细分类账的平行登记**

总账是对所属明细分类账的概括，对明细账起着总的控制作用。明细账是对总账的详细记录，对总账起补充说明作用。企业在同时设置总账和明细账时，需采取平行登记方法。所谓平行登记，是指每一项经济业务一方面应在总分类账户中进行登记，另一方面应在所属的明细分类账户中进行登记的方法。其登记要点如下：

（1）同时登记。

对发生的每一项经济业务，在记入总分类账的同时，也要在所属的一个或几个明细分类账中分别登记。

（2）方向相同。

每一项经济业务在记入总分类账和明细账分类时，记账的方向必须相同。当某项经济业务记入总分类账的借方，同时也必须记入明细分类账的借方；如果记入总分类账的贷方，同时也必须记入明细分类账的贷方。

（3）金额相等。

记入总分类账的金额必须与记入所属明细分类账的金额之和相等。

现以应付账款为例，说明总分类账和明细分类账的平行登记及核对方法。

**【例 2-13】** 某公司 200×年 10 月 1 日"应付账款"期初余额为 65 000 元，其中，A 公司 40 000 元，B 公司 25 000 元。

本月份发生下列有关应付账款的经济业务：

① 10 月 5 日，购买 A 公司材料 30 000 元，B 公司材料 12 000 元，货款未付。

借：在途物资 42 000
  贷：应付账款——A 公司 30 000
     ——B 公司 12 000

② 10 月 12 日，用银行存款偿还前期欠 A 公司货款 40 000 元、B 公司贷款 37 000 元。

借：应付账款——A 公司 40 000
    ——B 公司 37 000
  贷：银行存款 77 000

③ 10 月 25 日，购买 B 公司材料 53 000 元，货款未付。

借：在途物资 53 000
  贷：应付账款——B 公司 53 000

根据上述资料，在"应付账款"总分类账和所属"A 公司"和"B 公司"两个明细分类账中进行平行登记。登记结果如表 2-20、表 2-21、表 2-22 所示。

# 会 计 学

**表 2-20**　　　　　　　　　　　　　总 分 类 账

账户名称：应付账款

| 20××年 | | 凭证字号 | 摘　要 | 借方 | 贷方 | 借/贷 | 余额 |
|---|---|---|---|---|---|---|---|
| 月 | 日 | | | | | | |
| 10 | 1 | | 期初余额 | | | 贷 | 65 000 |
| | 5 | | 购材料货款未付 | | 42 000 | 贷 | 107 0000 |
| | 12 | (略) | 偿还前欠货款 | 77 000 | | 贷 | 30 000 |
| | 25 | | 购材料货款未付 | | 53 000 | 贷 | 83 000 |
| 10 | 30 | | 本期发生额 | 77 000 | 95 000 | 贷 | 83 000 |

**表 2-21**　　　　　　　　　　　应付账款明细分类账

明细账户：A 公司

| 20××年 | | 凭证字号 | 摘　要 | 借方 | 贷方 | 借/贷 | 余额 |
|---|---|---|---|---|---|---|---|
| 月 | 日 | | | | | | |
| 10 | 1 | | 期初余额 | | | 贷 | 40 000 |
| | 5 | (略) | 购材料货款未付 | | 30 000 | 贷 | 70 000 |
| | 12 | | 偿还前欠货款 | 40 000 | | 贷 | 30 000 |
| 10 | 30 | | 本期发生额 | 40 000 | 30 000 | | 30 000 |

**表 2-22**　　　　　　　　　　　应付账款明细分类账

明细账户：B 公司

| 20××年 | | 凭证字号 | 摘　要 | 借方 | 贷方 | 借/贷 | 余额 |
|---|---|---|---|---|---|---|---|
| 月 | 日 | | | | | | |
| 10 | 1 | (略) | 期初余额 | | | 贷 | 25 000 |
| | 5 | | 购材料货款未付 | | 12 000 | 贷 | 37 000 |
| | 12 | | 偿还前欠货款 | 37 000 | | 平 | 0 |
| | 25 | | 购材料货款未付 | | 53 000 | | 53 000 |
| 10 | 30 | | | 37 000 | 65 000 | | 53 000 |

按照平行登记法进行总分类和明细分类账的核对。由于每笔业务都是以相同的记账方向和相等的金额在总分类账和所属明细分类账中同时登记，而且记账的方向相同，因此，总账和明细账之间的数量关系可以用下列公式概括：

总账的期初余额 = 所属明细账期初余额之和

总账的本期借方发生额 = 所属各明细账本期借方发生额之和

总账的本期贷方发生额＝所属各明细账本期贷方发生额之和

总账的期末余额＝所属明细账期末余额之和

在会计核算关系中，我们通常利用这种数量关系来检查总账和明细账的完整性和准确性。在实际工作中，总分类账和明细分类账的核对，一般可通过编制"明细分类账户本期发生额及余额表"来进行。现根据上述应付账款明细账的记录，编制其"明细分类账户本期发生额及余额表"，如表2-23所示。

表2-23　　　　　　应付账款明细分类账户本期发生额及余额表

| 明细账户名称 | 期初余额（贷方） | 本期借方发生额 | 本期贷方发生额 | 期末余额（贷方） |
|---|---|---|---|---|
| A公司 | 40 000 | 40 000 | 30 000 | 30 000 |
| B公司 | 25 000 | 37 000 | 65 000 | 53 000 |
| 合计 | 65 000 | 77 000 | 95 000 | 83 000 |

表2-23各栏的合计数应与"应付账款"总分类账户的期初余额、本期借方发生额、本期贷方发生额和期末余额核对相符。如有关数字不符，则表明记账有错误，应查明原因，予以更正。

## 三、错账的更正方法

《会计法》第十五条明确规定："会计账簿记录发生错误或隔页、缺号、跳行的，应当按照国家统一的会计制度规定的方法更正，并由会计人员和会计机构负责人（会计主管人员）在更正处盖章。"由于账簿记录中出现的错账原因不同，需使用不同的更正方法来更正错账。

### （一）划线更正法

划线更正法适用于结账前或结账时发生账簿记录有错误，而记账凭证没有错误，即过账时的笔误及金额计算错误等引起的账簿记录错误。其更正方法是：先将错误数字或文字处划一条红线予以注销，并使原来的字迹仍然清晰可见，然后在红线上方空白处用蓝色笔做出正确的记录，并由记账人员在更正处盖章。

### （二）红字更正法

红字更正法也叫赤字冲账法，可根据不同的错误又分为红字全额更正法和红字差额更正法。

**1. 红字全额更正法**

该更正法是用于记账凭证应借、应贷科目或方向发生错误并已登记入账而形成的错账。其更正方法是：先用红字填制一张内容与错误的记账凭证完全相同的记账凭证，在摘要栏中注明"更正第×号凭证的错误"，并用红字金额登记入账，冲销原有错误记录，然后再用蓝字金额登记一张正确的记账凭证，并据以登记入账。

【例 2 – 14】某企业仓库发出一批材料计 30 000 元用于生产甲产品。原错误会计分录如下：

① 借：制造费用　　　　　　　　　　　　　　　　　　30 000
　　贷：原材料　　　　　　　　　　　　　　　　　　　　30 000

上项会计分录已登记入账。

发现这种错误，应先用红字金额（文中以加框表示）填制一张记账凭证，其会计分录如下：

② 借：制造费用　　　　　　　　　　　　　　　　　　|30 000|
　　贷：原材料　　　　　　　　　　　　　　　　　　　　|30 000|

将其会计分录登记入账，用以冲销原错误记录。

同时，再用蓝色笔编制一张正确的记账凭证，其会计分录如下：

③ 借：生产成本　　　　　　　　　　　　　　　　　　30 000
　　贷：原材料　　　　　　　　　　　　　　　　　　　　30 000

将其会计分录登记入账以正确反映经济业务内容。登账情况如图 2 – 17 所示。

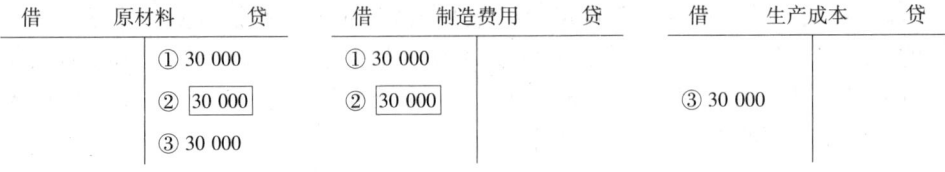

图 2 – 17

**2. 红字差额更正法**

该方法适用于因记账凭证多记金额并已登记入账而形成的错账。其更正方法是：填制一张内容与原记账凭科目和方向完全相同的记账凭证，将多记金额用红字填写，在摘要栏中注明"冲销第×号凭证多记金额"，并据以登记入账，以冲销原来多记的金额。

【例 2 – 15】某企业仓库收到一批验收入库的材料，其实际成本为 6 000 元。原错误会计分录如下：

① 借：原材料　　　　　　　　　　　　　　　　　　　60 000
　　贷：在途物资　　　　　　　　　　　　　　　　　　　60 000

上项会计分录已登记入账。

发现这种错误应用红字差额金额编织一张记账凭证，其会计分录如下：

② 借：原材料　　　　　　　　　　　　　　54 000

　　贷：在途物资　　　　　　　　　　　　　　　54 000

将其会计分录登记入账，以冲销多记金额。登账情况如图2－18所示。

图2－18

### （三）补充登记法

补充登记法适用于因记账凭证少记金额并已登记入账而形成的错误。其更正方法是：填制一张内容与原记账凭证科目和方向完全相同的记账凭证，将少记的金额用蓝字填写，在摘要栏中注明"补记第×号凭证少记金额"，并据以登记入账，以补充原来少记的金额。

【例2－16】某企业仓库收到一批验收入库的材料，其实际成本为60 000元。原错误会计分录如下：

① 借：原材料　　　　　　　　　　　　　　　　6 000

　　贷：在途物资　　　　　　　　　　　　　　　　6 000

上项会计分录已登记入账。发现这种错误，应用蓝字差额编制一张记账凭证。其会计分录如下：

② 借：原材料　　　　　　　　　　　　　　　54 000

　　贷：在途物资　　　　　　　　　　　　　　　54 000

将会计分录登记入账以补记少记金额。登账情况如图2－19所示。

```
    借    原材料    贷              借    在途物资    贷
  ─────────────────────          ─────────────────────
  ①    60 000                    ①    60 000
  ②    54 000                    ②    54 000
```

图2－19

## 四、对账与结账

为了定期总结某一会计期间（月份、季度、年度）的经济活动情况，必须使各种账簿记录保持完整和正确，为编制会计报表做好准备，因此必须定期进行结账和对账。

### （一）对账

对账就是在一定的会计期间（月份、季度、年度）终了时，对账簿记录进行的核对工作。在实际工作中，由于自然或人为的原因，可能出现各种差错和失误，如会计人员在填制凭证、登记账簿等工作中出现的差错，或因为管理不善而带来的财产管理中的各种问题，都可能使账簿记录的真实性、正确性受到影响。为了保证账簿记录的真实可靠，应当建立定期的对账制度。对账的主要内容包括以下几个方面：

**1. 账证核对**

账证核对是指将各种账簿记录与会计凭证进行核对。账证核对主要是在日常编制凭证和记账过程中进行，必要时，也可以采取抽查核对和目标核对的方法进行。核对的重点是凭证所记载的业务内容、金额和分录是否与账簿中的记录一致。

**2. 账账核对**

账账核对是对各种账簿之间的有关数字进行核对。其主要包括以下几种：一是总分类账各账户的借方期末余额合计数与贷方期末余额合计数核对相符；二是明细分类账各账户的余额合计数与有关的总分类账户的余额核对相符；三是日记账的余额与总分类账各账户的余额核对相符；四是会计部门的各种财产物资明细分类账的期末余额与保管或使用部门的财产物资明细分类账的期末余额核对相符。

**3. 账实核对**

账实核对就是将账簿结存数字和实际的物资、款项进行核对。账实核对包括现金日记账账面余额与库存现金相互核对，银行存款日记账账面余额与银行各账户的银行对账单余额相互核对，各种应收、应付款项明细账账面余额与有关的债权、债务单位相互核对，以保证账实相符。

### （二）结账

结账就是在把一定时期内所发生的经济业务全部登记入账的基础上，在会计

## 第二章　会计信息生成方法

期末计算并结转各种账簿的本期发生额和期末余额。根据会计分期的不同,结账工作相应地可以在月末、季末、年末采用划线结账的方法进行结账。结账工作主要包括以下几方面的内容。

**1. 收入、费用类账户的结账**

对于收入和费用两类账户,在会计期末应加计发生额,并将其余额结平,为编制利润表提供有关的依据。

**2. 资产、负债和所有者权益类账户的结账**

对于资产、负债和所有者权益三类账户,会计期末应分别结出其总分类账和明细分类账的本期发生额及期末余额,并将期末余额结转为下期的期初余额,为编制资产负债表提供有关的依据。

划线结账分为月(季)结和年结两种。月(或季)结时,在月(或季)末最后一笔登账的数字下面画一条红线,在红线下结出本月发生额和余额,并在摘要栏内注明"本期发生额和期末余额"字样;然后,在"本期发生额和期末余额"下再画一条红线,表明本月(或季)的账簿记录已经结束。年底结账时,在第四季度季结的数字下面划一条红线,将四个季度的借贷双方季结数加以汇总,在红线下结出本年发生额和期末余额,并在摘要栏内注明"本年发生额及年末余额"字样;然后,在"本年发生及年末余额"下再画两条红线,表明本年的账簿记录已经结束;再把年末余额结转下年,在下年度新账的同一账户中的第一栏的摘要栏中注明"上年结转"字样。

# 第六节　财产清查

## 一、财产清查概述

财产清查是发挥会计监督控制职能的一种必要手段。它作为会计核算的一种专门方法,在会计核算过程中发挥了重要的作用。

### (一) 财产清查的概念

财产清查就是指对企业单位的各项财产物资、货币资金及债权债务进行盘点和核对,以查明各项财产物资、货币资金及债权、债务的实存数,查明账存数和实存数是否相符的一种专门方法。

财产清查不仅是一种重要的会计核算方法,而且也是内部会计控制规范的一个重要组成内容。通过财产清查,查明账实不符及其原因,采取相应的方法进行处理和控制，从而做到账实相符，也就保证了会计信息的真实性。

各单位的实物、现金、银行存款和债权、债务等要通过账簿记录来反映。在会计工作中，通过正确编制凭证和登记账簿并经过严格的检查，应该说能够保证账簿记录的正确性。但由于有很多主观或客观原因，可能使各项财产的账存数额与实际结存数额发生差异，从而造成账实不符。造成账实不符的原因主要有以下几种：

一是在财产物资的保管过程中发生自然损耗而产生数量或质量上的变化造成账实不符；

二是在管理和核算方面由于手续不健全或制度不严密而发生错收错付等情况造成账实不符；

三是由于计量、检验不准确而产生多收多付或少收少付等情况，造成账实不符，以及由于管理不善或责任者的过失而产生毁损、短缺、漏记、重记和核算不准确等情况造成账实不符；

四是由于不法分子的营私舞弊、贪污盗窃等行为而造成账实不符；

五是在结算过程中由于未达账项的存在而造成的账实不符。

账实不符的原因既有人为的，也有自然的，因此就需要通过财产清查发现账实不符并查明原因，分清责任，及时采取有效的控制措施，实事求是地进行处理，以保证会计资料的真实性。

### （二）财产清查的种类

企业财产清查的对象和范围往往是不同的，在时间上也是有区别的，因此，财产清查主要有两种不同的分类。

**1. 按清查范围分类**

（1）全部清查。

全部清查是指对企业所有的财产物资、货币资金和债权、债务进行彻底的盘点和核对。以工业企业为例，全部清查的对象一般包括：①现金、银行存款、其他货币资金、各种债券；②原材料、在产品、产成品、在途材料；③固定资产、在建工程；④各种债权、债务；⑤租入使用、受托加工保管或代销的财产物资；⑥租出使用、委托其他单位加工保管或代销的财产物资。

（2）局部清查。

局部清查是指根据需要对一部分财产物资、货币资金及债权、债务进行清查。对流动性较大的项目，除年度清查外，还需要进行局部清查。具体包括：①对于现金，应由出纳员在每日业务终了时盘点一次，做到日清月结；②对于银行存款和银行借贷等，应由出纳员每月至少同银行核对一次；③对于材料、在产品和产成品等，应有计划地每月重点抽查，对于贵重的财产物资，每月至少清查盘点一次；④对于债权、债务，应在年度内至少同有关单位核对一次。

**2. 按照清查的时间分类**

（1）定期清查。

定期清查是指根据管理制度的规定或预先计划安排的时间对财产物资、货币资金和债权债务所进行的清查。这种清查的对象不固定，可以是全面清查，也可以是局部清查。

（2）不定期清查。

不定期清查是事先并未规定清查日期而根据实际需要进行的临时性清查。不定期清查与定期清查一样，可以是全部清查，也可以是局部清查。不定期清查一般在以下几种情况下进行：①更换出纳员时对现金、银行存款所进行的清查；②更换仓库保管员时对其所保管的财务物资所进行的清查；③财产物资由于意外灾害发生毁损时所进行的清查；④有关单位对企业进行会计检查或开展临时性的清产核资时所进行的财产清查；⑤单位关、停、并、转或改变隶属关系时所进行的财产清查。

## 二、财产清查的方法

财产清查对象的内容不同，所采取的方法也就不同。为了保证财产清查工作的质量，提高清查工作的效率，达到财产清查的目的，对不同的清查对象采取不同的清查方法是很有必要的。

### （一）实物的清查

财产清查的重要环节是盘点实物的实有数。定期进行实物盘点是保证财产物资的安全完整而采取的控制措施。为使盘点工作顺利进行，应事先确定实物的盘存制度。

**1. 实物账面结存数量的确定方法**

一般来说，确定实物结存数量的方法有两种，即永续盘存制和实地盘存制。

（1）永续盘存制。永续盘存制亦称账面盘存制。采用这种方法平时对各种实物的增加数和减少数都要根据会计凭证连续地记入有关账簿，并随时结出账面余额。在这种盘存制度下确定结存数量的计算公式是：

账面期末数 = 账面期初数 + 本期增加数 − 本期减少数

在永续盘存制下，财产物资的进出都有严密的手续。由于账面既登记实物的增加数量，又登记其减少的数量，这样就可以随时根据账面记录计算出库存实物的数量,有利于加强对实物的控制,便于随时掌握财产物资的占用情况及其动态过程;同时,有利于加强对财产物资的管理,减少储备资金的占用,加速资金周转。其不足之处是,各种实物明细核算的工作量比较大。由于永续盘存制具有严格控制、保护财产安全的最大优点,各单位一般都采用永续盘存制来确定财产物资结存数。

(2) 实地盘存制。实地盘存制也称以存计耗制。采用这种方法对于各种实物平时只根据会计凭证在账簿中登记财产物资的增加数,不登记减少数,到了会计期末对各项财产物资进行实地盘点,根据实地盘点所确定的实存数倒挤出本月各项财产物资的减少数。采用这种盘存制度,期末结存数是通过实地盘点确定的,即:

期末结存数 = 实地盘点数 × 单位成本
本期减少数 = 期初账面结存数 + 本期增加数 - 期末结存数

根据以上计算倒挤出的本期减少数登记有关账簿,所以每月末对各项财产物资进行实地盘点的结果是计算、确定本月财产物资减少数的依据。

采用这种盘存制度,账面上平时不反映各种实物的减少数和结存数,因而会计核算工作简单,但由于各项财产物资的减少没有严密的手续,不便于进行会计控制,期末倒挤出的各项财产物资的减少数中的成分也比较复杂,除了正常耗用以外,可能还有毁损和丢失的部分在内,所以一般适用于受限于人力和核算水平的小型企业,或自然损耗大、数量不确定的鲜活商品。

需要指出的是,无论永续盘存制还是实地盘存制,都需要对实物进行财产清查,但其清查的目的不同,前者是为了查明账实是否相符,而后者是为了确定期末结存数。

**2. 实物清查方法**

企业的各种实物清查包括固定资产、原材料、在产品、产成品等,不同种类的实物由于其形态、体积、重量、堆放方式不同,因而所采取的清查方法也不相同。一般来说,实物的清查方法有实地盘点法和技术推算盘点法两种。

(1) 实地盘点法。实地盘点法是指在实物的保管堆放现场逐一清点数量或用计量仪器确定实存数量的一种方法。这种方法适用于那些易于通过点数、过磅、量尺等方法确定数量的实物。通过实地盘点法确定的结果数字准确可靠,清查质量高,但工作量比较大。如果事先能够按财产物资的实物形态进行科学的码放,如五五排列、三三制码放等,则有助于提高清查的速度。

(2) 技术推算盘点法。技术推算盘点法是利用数学上的一些技术方法,如量方、计尺等对财产物资的实存数进行推算的一种方法。这种方法适用于堆放量大或体重价廉、不宜逐一清点其实存数量的各种实物,如煤、盐、矿石等。

## 第二章 会计信息生成方法

在对各种实物进行实地盘点或技术推算盘点时,为了明确各自的经济责任,有关财产物资的保管人员必须在场并参与盘点工作。盘点结束后,应将盘点结果如实地登记在"实物盘存表"上,并由参加盘点的人员和实物保管人员同时在盘存单上签字生效。"实物盘存表"是记录各项财产物资的实存数量及金额的书面证明文件,也是财产清查工作的原始凭证之一。"实物盘存表"的一般格式如表 2-24 所示。

**表 2-24　　　　　　　　　实 物 盘 存 表**

编制单位:　　　　　　　　　　　　　　　　　　　　　　盘点时间:
财产类别:　　　　　　　　　　　　　　　　　　　　　　存放地点:

| 编号 | 品名 | 规格或型号 | 计量单位 | 数量 | 单价 | 金额 | 备注 |
|---|---|---|---|---|---|---|---|
|  |  |  |  |  |  |  |  |
|  |  |  |  |  |  |  |  |
|  |  |  |  |  |  |  |  |
|  |  |  |  |  |  |  |  |
|  |  |  |  |  |  |  |  |

盘点人签章:　　　　　　　　　　　　　实物保管人签章:

在确定了各种实物的实存数之后,应将"实物盘存表"中所记录的实存数额与实物的账面结存数额进行核对,如果发现账实不符,会计人员应根据"实物盘存表"和各种实物明细账的账簿记录编制"实存账存对比表",以确定各种实物的盘盈或盘亏数额。实存数大于账存数为盘盈;实存数小于账存数为盘亏。"实存账存对比表"既是分析发生差异原因和明确经济责任的重要依据,又是调整账簿记录的重要依据。"实存账存对比表"的一般格式如表 2-25 所示。

**表 2-25　　　　　　　　　实存账存对比表**

单位名称:　　　　　　　　　　　年　月　日
存放地点:

| 编号 | 类别和名称 | 计量单位 | 单价 | 实存 | | 账存 | | 对比结果 | | | | 备注 |
|---|---|---|---|---|---|---|---|---|---|---|---|---|
|  |  |  |  |  |  |  |  | 盘亏 | | 盘盈 | |  |
|  |  |  |  | 数量 | 金额 | 数量 | 金额 | 数量 | 金额 | 数量 | 金额 |  |
|  |  |  |  |  |  |  |  |  |  |  |  |  |
|  |  |  |  |  |  |  |  |  |  |  |  |  |
|  |  |  |  |  |  |  |  |  |  |  |  |  |
|  |  |  |  |  |  |  |  |  |  |  |  |  |

盘点人:　　　　　　　　　　　　　　　　保管人:

## 3. 实物（存货）单价的确定方法

在实际工作中，由于实物进货地点不同、进货渠道不同，会造成同一种财产物资有着不同的单价，因此，实物的数量确定后需要采用一定的计价方法确定财产物资的单价，以便确定发出实物和结存实物的金额。一般可以采取的财产物资的计价方法有四种：

（1）个别计价法。个别计价法又称具体辨认法、分批实际法等。采用这一方法是假设财产物资的成本流转与实物流转相一致，按照各种财产物资逐一辨认其发出和期末结存所属的购进批别或生产批别，分别按其购入或生产时所确定的单位成本作为计算各批发出和期末结存财产物资成本。

【例2-17】光明公司2011年6月有关甲商品的资料如表2-26所示。

表2-26　　　　　　　　　　有关甲商品的资料

| 日期 | 摘要 | 数量（吨） | 单价 | 金额 |
|---|---|---|---|---|
| 6月1日 | 期初余额 | 300 | 50 | 15 000 |
| 6月9日 | 购入 | 900 | 60 | 54 000 |
| 6月12日 | 发出 | 800 | | |
| 6月20日 | 购入 | 600 | 70 | 42 000 |
| 6月23日 | 发出 | 800 | | |
| 6月27日 | 购入 | 200 | 80 | 16 000 |

假设经具体确认，光明公司12日发出的800吨甲商品中，有200吨是期初商品，600吨为9日购进的商品；23日发出的800吨商品中，有300吨为9日购进的商品，500吨为20日购进的商品。依照个别计价法确定的光明公司6月份甲商品的发出和结存成本如表2-27所示。

表2-27　　　　　　　　　　甲商品明细账

商品类别：　　　　　　　　　　　　　　　　　　　　　　计量单位：吨
商品编号：　　　　　　　　　　　　　　　　　　　　　　最高存量：
商品名称及编号：甲　　　　　　　　　　　　　　　　　　最低存量：

| 2011年 | | 凭证编号 | 摘要 | 收入 | | | 发出 | | | 结存 | | |
|---|---|---|---|---|---|---|---|---|---|---|---|---|
| 月 | 日 | | | 数量 | 单价 | 金额 | 数量 | 单价 | 金额 | 数量 | 单价 | 金额 |
| 6 | 1 | | 期初余额 | | | | | | | 300 | 50 | 15 000 |
| | 9 | | 购入 | 900 | 60 | 54 000 | | | | 300<br>900 | 50<br>60 | 15 000<br>54 000 |

## 第二章 会计信息生成方法

续表

| 2011年 | | 凭证编号 | 摘要 | 收入 | | | 发出 | | | 结存 | | |
|---|---|---|---|---|---|---|---|---|---|---|---|---|
| 月 | 日 | | | 数量 | 单价 | 金额 | 数量 | 单价 | 金额 | 数量 | 单价 | 金额 |
| | 12 | | 发出 | | | | 200<br>600 | 50<br>60 | 10 000<br>36 000 | 100<br>300 | 50<br>60 | 5 000<br>18 000 |
| | 20 | | 购入 | 600 | 70 | 42 000 | | | | 100<br>300<br>600 | 50<br>60<br>70 | 5 000<br>18 000<br>42 000 |
| | 23 | | 发出 | | | | 300<br>500 | 60<br>70 | 18 000<br>35 000 | 100<br>100 | 50<br>70 | 5 000<br>7 000 |
| | 27 | | 购入 | 200 | 80 | 16 000 | | | | 100<br>100<br>200 | 50<br>70<br>80 | 5 000<br>7 000<br>16 000 |
| | 30 | | 本月发生额及月末余额 | 1 700 | | 112 000 | 1 600 | | 99 000 | 100<br>100<br>200 | 50<br>70<br>80 | 5 000<br>7 000<br>16 000 |

个别计价法的优点是确定的发出和期末结存财产物资的成本真实、准确，而且可以随时结转成本。但是采用这种方法必须具备必要的前提条件，即财产物资必须是可以按不同进货单价辨别认定的，且必须有详细的记录，据以了解每一个别财产物资或每批财产物资的收入、发出和结存情况，因而实务操作的工作量繁重，困难较大。个别计价法适用于容易识别、品种数量不多、单位成本较高的财产物资，如房地产、船舶、飞机、重型设备、珠宝、名画等贵重物品。这种方法在永续盘存制和实地盘存制下均可使用。

（2）先进先出法。先进先出法是假设先收到的财产物资先售出或先耗用，并根据这种假设对发出和期末结存财产物资进行计价的方法。采用这种计价方法收入财产物资时要逐笔登记每一批财产物资的数量、单价和金额；发出财产物资时，按照先进先出的原则确定单价，逐笔登记财产物资的发出金额和结存数量。

使用【例 2-17】的资料，按照先进先出法确定的光明公司 6 月份甲商品的发出和结存成本如表 2-28 所示。

# 会 计 学

表 2-28  　　　　　　　　　　　甲商品明细账

商品类别：　　　　　　　　　　　　　　　　　　　　　　　计量单位：吨
商品编号：　　　　　　　　　　　　　　　　　　　　　　　最高存量：
商品名称及规格：甲　　　　　　　　　　　　　　　　　　　最低存量：

| 2011年 | | 凭证编号 | 摘要 | 收入 | | | 发出 | | | 结存 | | |
|---|---|---|---|---|---|---|---|---|---|---|---|---|
| 月 | 日 | | | 数量 | 单价 | 金额 | 数量 | 单价 | 金额 | 数量 | 单价 | 金额 |
| 6 | 1 | | 期初余额 | | | | | | | 300 | 50 | 15 000 |
| | 9 | | 购入 | 900 | 60 | 54 000 | | | | 300 | 50 | 15 000 |
| | | | | | | | | | | 900 | 60 | 54 000 |
| | 12 | | 发出 | | | | 300 | 50 | 15 000 | | | |
| | | | | | | | 500 | 60 | 30 000 | 400 | 60 | 24 000 |
| | 20 | | 购入 | 600 | 70 | 42 000 | | | | 400 | 60 | 24 000 |
| | | | | | | | | | | 600 | 70 | 42 000 |
| | 23 | | 发出 | | | | 400 | 60 | 24 000 | | | |
| | | | | | | | 400 | 70 | 28 000 | 200 | 70 | 14 000 |
| | 27 | | 购入 | 200 | 80 | 16 000 | | | | 200 | 70 | 14 000 |
| | | | | | | | | | | 200 | 80 | 16 000 |
| | 30 | | 本月发生额及月末余额 | 1 700 | | 112 000 | 1 600 | | 97 000 | 200 | 70 | 14 000 |
| | | | | | | | | | | 200 | 80 | 16 000 |

本月发出财产物资成本 = 300 × 50 + 900 × 60 + 400 × 70 = 97 000（元）

月末结存财产物资成本 = 200 × 80 + 200 × 70 = 30 000（元）

先进先出法的优点是能够随时结转成本，期末财产物资成本比较接近现行的市场价值，但是在财产物资收发业务频繁和单价经常变动的情况下，企业的计价工作量较大。另外，当物价上涨时，会高估企业当期利润和库存财产物资的价值；反之，会低估企业财产物资的价值和当期利润。一般而言，经营活动受财产物资形态影响较大或财产物资容易腐败变质的企业，可采用先进先出法。这种方法在永续盘存制和实地盘存制下均可使用。

（3）加权平均法。加权平均法是以本月期初结存财产物资数量和本月全部收入财产物资数量作为权数，去除本月期初结存财产物资实际成本和本月全部收入财产物资实际成本，计算出财产物资的加权平均单价，从而确定财产物资发出和结存成本的一种方法。具体计算公式如下：

$$\text{加权平均单价} = \frac{\text{期初结存财产物资实际成本} + \text{本期收入财产物资实际成本}}{\text{期初结存财产物资数量} + \text{本期收入财产物资数量}}$$

## 第二章 会计信息生成方法

本期发出财产物资成本＝加权平均单价×本期发出财产物资数量

期末结存财产物资成本＝加权平均单价×期末结存财产物资数量

仍使用【例2－17】的资料，采用加权平均法计算的光明公司6月份甲商品的发出和结存成本如表2－29所示。

表2－29　　　　　　　　　　　甲商品明细账

商品类别：　　　　　　　　　　　　　　　　　　　　　　　　　　　　计量单位：吨

商品编号：　　　　　　　　　　　　　　　　　　　　　　　　　　　　最高存量：

商品名称及规格：甲　　　　　　　　　　　　　　　　　　　　　　　　最低存量：

| 2011年 | | 凭证编号 | 摘　要 | 收入 | | | 发出 | | | 结存 | | |
|---|---|---|---|---|---|---|---|---|---|---|---|---|
| 月 | 日 | | | 数量 | 单价 | 金额 | 数量 | 单价 | 金额 | 数量 | 单价 | 金额 |
| 6 | 1 | | 期初余额 | | | | | | | 300 | 50 | 15 000 |
| | 9 | | 购入 | 900 | 60 | 54 000 | | | | 1 200 | | |
| | 12 | | 发出 | | | | 800 | | | 400 | | |
| | 20 | | 购入 | 600 | 70 | 42 000 | | | | 1 000 | | |
| | 23 | | 发出 | | | | 800 | | | 200 | | |
| | 27 | | 购入 | 200 | 80 | 16 000 | | | | 400 | | |
| | 30 | | 本月发生额及月末余额 | 1 700 | | 112 000 | 1 600 | 63.5 | 101 600 | 400 | 63.5 | 25 400 |

$$甲商品的加权平均单价 = \frac{15\,000 + 54\,000 + 42\,000 + 16\,000}{300 + 900 + 600 + 200} = 63.5（元）$$

本月发出财产物资成本＝63.5×1 600＝101 600（元）

月末结存财产物资成本＝63.5×400＝25 400（元）

加权平均法的优点是只在月末一次计算加权平均单价，计算方法比较简单；在市场价格上涨或下跌时，对财产物资成本可以起到均衡成本的作用。但是，这种方法只有在期末才能计算加权平均单价，确定发出财产物资成本和结存财产物资成本，而平时无法从账上提供发出和结存财产物资的单价和金额，不利于对财产物资加强日常管理，且期末计算成本的工作量较大。因此，这种方法只适用于财产物资品种较少，而且前后收入财产物资单位成本相差较大的企业采用。这种方法在永续盘存制和实地盘存制下均可使用。

（4）移动平均法。该法也称移动加权平均法，它是用本次收入财产物资成本加原有库存财产物资成本，除以本次收入财产物资数量加原有库存财产物资数量，据以计算加权平均单价，并对发出和结存财产物资进行计价的一种方法。移动加权平均法与加权平均法的计算原理基本相同，只是要求在每次收入财产物资时重新计算一次加权平均单价。具体计算公式如下：

$$加权平均单价 = \frac{以前结存财产物资实际成本 + 本批收入财产物资实际成本}{以前结存财产物资数量 + 本批收入财产物资数量}$$

仍使用【例2-17】的资料，采用移动加权平均法计算的光明公司6月份甲商品的发出和结存成本如表2-30所示。

表2-30　　　　　　　　　　　甲商品明细账

商品类别：　　　　　　　　　　　　　　　　　　　计量单位：吨
商品编号：　　　　　　　　　　　　　　　　　　　最高存量：
商品名称及规格：甲　　　　　　　　　　　　　　　最低存量：

| 2011年 | | 凭证编号 | 摘要 | 收入 | | | 发出 | | | 结存 | | |
|---|---|---|---|---|---|---|---|---|---|---|---|---|
| 月 | 日 | | | 数量 | 单价 | 金额 | 数量 | 单价 | 金额 | 数量 | 单价 | 金额 |
| 6 | 1 | | 期初余额 | | | | | | | 300 | 50 | 15 000 |
| | 9 | | 购入 | 900 | 60 | 54 000 | | | | 1 200 | 57.5 | 69 000 |
| | 12 | | 发出 | | | | 800 | 57.5 | 46 000 | 400 | 57.5 | 23 000 |
| | 20 | | 购入 | 600 | 70 | 42 000 | | | | 1 000 | 65 | 65 000 |
| | 23 | | 发出 | | | | 800 | 65 | 52 000 | 200 | 65 | 13 000 |
| | 27 | | 购入 | 200 | 80 | 16 000 | | | | 400 | 72.5 | 29 000 |
| | 30 | | 本月发生额及月末余额 | 1 700 | | 112 000 | 1 600 | | 98 000 | 400 | 72.5 | 29 000 |

第一批收入财产物资后的加权平均单价 $= \dfrac{15\ 000 + 54\ 000}{300 + 900} = 57.\dot{5}$（元）

第二批收入财产物资后的加权平均单价 $= \dfrac{23\ 000 + 42\ 000}{400 + 600} = 65$（元）

第三批收入财产物资后的加权平均单价 $= \dfrac{13\ 000 + 16\ 000}{200 + 200} = 72.5$（元）

本月发出财产物资成本 $= 46\ 000 + 52\ 000 = 98\ 000$（元）

月末结存财产物资成本 $= 400 \times 72.5 = 29\ 000$（元）

移动加权平均法的优点是财产物资发出时可以随时结转成本，便于加强对财产物资的日常管理；大量核算工作分散在平时进行，减轻了月末工作量；而且计算的加权平均单价以及发出和结存财产物资的成本较客观。但是，由于每次收入财产物资都要重新计算一次加权平均单价，计算工作量较大。因此这种方法适用

# 第二章 会计信息生成方法

于购货次数不多的企业,而且这种方法只能在永续盘存制下使用。

## (二) 货币资金的清查

货币资金的清查具体包括库存现金的清查和银行存款的清查。由于货币资金的收支业务比较频繁,而且又极容易出现问题,所以要定期和不定期地对其进行清查。

**1. 库存现金清查方法**

对库存现金的清查所采取的方法是实地盘点法。清点库存现金的实存数,然后与现金日记账的账面余额核对以查明余缺情况。为了明确经济责任,在进行现金清查时出纳员必须在场。现金的具体清查程序和内容如下:

(1) 盘点前,出纳人员必须将全部的现金收、付款凭证登记入账,结出余额。

(2) 在清查过程中如发现现金余缺,清查人员应会同出纳人员核实清楚。依据现金内部控制的要求,还要查明有无白条抵库现象,即用不具有法律效力的借条、借据等抵充库存现金;同时,还需注意库存现金量是否超过银行核定的库存限额,有无"坐支"现金等问题存在。

(3) 现金盘点结束后,应根据实地盘点的结果及与现金日记账核对的情况填制"现金盘点报告表",并由盘点人员和出纳员认真填写和签章。其格式如表2-31所示。

表2-31 现金盘点报告表

盘点日期: 年 月 日

| 实存金额 | 账存金额 | 对比结果 | | 备注 |
|---|---|---|---|---|
| | | 盘盈 | 盘亏 | |
| | | | | |
| | | | | |
| | | | | |
| | | | | |

盘点人: 监盘人: 出纳员:

从现金盘点报告表的格式可见,"现金盘点报告表"既起到了"实物盘存表"的作用,又起到了"实存账存对比表"的作用。它既反映现金的实存数,又反映现金的余缺数,是会计上据以调整账面记录、分析现金余缺的重要原始凭证。

## 2. 银行存款清查方法

对于银行存款的清查，是通过与开户银行核对账目的方法来进行的，也就是将银行对账单的存取金额和余额与本单位的银行存款日记账逐笔核对。在与银行核对账目之前，应详细检查本单位银行存款日记账的正确性和完整性。由于办理结算手续和凭证传递时间的原因，即使企业和银行双方记账过程都没有错误，企业银行存款日记账的余额和银行对账单的余额也可能不一致。产生这种不一致的原因是可能存在未达账项。所谓未达账项，是指由于结算凭证传递时间的原因造成一方已经入账，而另一方因尚未收到结算凭证还没有入账的账项。未达账项有以下四种：

（1）企业已收款记账，而银行未收款记账。如企业销售产品收到支票，送存银行后即可根据银行盖章后的"送款单"的回单登记银行存款的增加，而银行则需等款项收妥后才能记增加，如果这时对账，则形成企业已收款记账而银行未收款记账的未达账项。

（2）企业已付款记账，而银行未付款记账。如企业开出一张支票支付购货款，企业可根据开出支票的存根及购货发票记银行存款的减少，而此时银行由于未接到支付款项的凭证而尚未记减少，如果这时对账，则形成企业已付款记账而银行未付款记账的未达账项。

（3）银行已收款记账，而企业未收款记账。

如企业委托银行向外地某单位收款，银行收到外地某单位的款项就登记存款的增加，企业由于未收到委托收款凭证的收款通知单而尚未记银行存款的增加，如果这时对账，则形成银行已收款记账而企业未收款记账的未达账项。

（4）银行已付款记账，而企业未付款记账。如银行代企业支付水费，银行已取得支付款项的凭证并已记存款的减少，企业因未接到付款凭证而尚未记银行存款的减少，如果此时对账，则形成银行已付款记账而企业未付款记账的未达账项。

当存在任何一项未达账，都会使企业银行存款日记账余额与银行存款对账单的余额不符。因此，在与银行对账时，应首先查明有无未达账项。如果有未达账项，可通过编制"银行存款余额调节表"对未达账项进行调整；如果调整未达账项后双方余额相等，则说明双方记账相符；如果调整未达账项后双方余额还不相等，则说明记账有错误，需要进一步查明并予以更正。

"银行存款余额调节表"的编制方法，是在企业和银行双方余额的基础上采取补记账的思路来编制的。下面举例说明"银行存款余额调节表"的具体编制方法。

【例 2-18】某企业 2000 年 6 月 30 日银行存款日记账的账面余额为 64 000

## 第二章 会计信息生成方法

元,银行对账单同日的余额为 70 000 元,经过日记账与对账单逐笔核对,发现有下列未达账项:

① 6 月 29 日,企业存入银行的转账支票 1 张,计 4 000 元,银行尚未入账。
② 6 月 29 日,企业开出转账支票 1 张,计 2 500 元,银行尚未入账。
③ 6 月 30 日,银行代企业收回的货款 12 000 元,收款通知尚未到达企业,企业尚未入账。
④ 6 月 30 日,银行代企业支付当月的水电费 4 500 元,付款通知尚未到达企业,企业尚未入账。

根据以上资料编制"银行存款余额调节表",如表 2-32 所示。

表 2-32  银行存款余额调节表
2000 年 6 月 30 日  单位:元

| 项 目 | 金额 | 项 目 | 金额 |
| --- | --- | --- | --- |
| 银行对账单余额 | 70 000 | 企业银行存款日记账余额 | 64 000 |
| 加:企业已收,银行未收款 | 4 000 | 加:银行已收,企业未收款 | 12 000 |
| 减:企业已付,银行未付款 | 2 500 | 减:银行已付,企业未付款 | 4 500 |
| 调节后存款余额 | 71 500 | 调节后存款余额 | 71 500 |

经办会计人员:(签字)  会计主管:(签字)

需要注意的是,经过调节后得到的存款余额才是企业当时实际可以动用的银行存款的数额,但不能据以编制记账凭证,调整账面余额;只有当企业收到有关结算凭证时,才能进行有关账务处理。

### (三) 应收款项的清查方法

对应收款项的清查一般采用"函证核对法"进行,即根据有关应收款项明细账编制对账单,送交对方单位进行核对。对账单一式两联,其中一联作为回单,如果对方单位核对无误,应在回单上盖章后退回本单位;如果对方发现数字不符,应在回单上注明不符的具体内容和原因后返回本单位,作为进一步核对的依据。

进行询证的单位在收到有关单位退回的对账单后,对于错账,应予以查明更正,并根据清查结果编制"债权(或债务)清查报告表"。其一般的格式如表 2-33 所示。

**表 2-33**　　　　　　　　　　债权清查报告表

清查日期：　　　　　　　　　　年　月　日　　　　　　　编制日期：　　年　月　日

总分类账户名称：　　　　　　　　　　　　　　　　　　　　总分类账户结余金额：

| 明细账名称 | 账面结存余额 | 清查结果 | | 核对不符的原因和金额 | | | 备注 |
|---|---|---|---|---|---|---|---|
| | | 核对相符的金额 | 核对不符的金额 | 有争执的账项 | 未达账 | 合计 | |
| | | | | | | | |
| | | | | | | | |
| | | | | | | | |
| | | | | | | | |

记账人员签章：　　　　　　　　　　　　　　　　　　　清查人员签章：

## 三、财产清查结果的处理

### (一) 财产清查结果的处理程序

财产清查结果的处理一般是指对账实不符的内容即盘盈、盘亏等有关内容的处理。财产清查工作结束后，对于盘盈、盘亏的各种财产，必须根据国家的法规、政策和财务会计制度，按规定程序严肃地进行处理。财产清查结果的处理步骤如下：

**1. 分析差异的性质和原因，提出处理意见**

根据清查结果，对各项差异产生的原因进行分析，以明确保管和使用部门对财产控制的责任，并针对不同原因所造成的盈亏余缺提出处理意见。对于债权债务在核对过程中出现的争议问题，应及时组织清理；对于超储积压物资，应同时提出处理方案。

**2. 及时调整账簿记录，并按规定程序报批**

会计上为了保证账实相符，需及时根据"实存账存对比表"等原始凭证编制记账凭证，并据以登记有关账簿，将账实调整为一致，并将所编制的"实存账存对比表"和所撰写的文字说明按照规定程序报送有关领导和部门批准。

**3. 经有关领导和部门批准后进行账务处理**

当有关领导和部门对所呈报的财产清查结果提出处理意见后，会计部门应严格按照批复意见编制有关的记账凭证，进行批准后的账务处理。

为了核算和控制企业单位在财产清查过程中查明的各种财产物资的盈亏毁损及其处理情况，应设置"待处理财产损溢"账户，用来核算企业在财产清查过程中查明的各种财产物资盘盈、盘亏和毁损的价值。其借方登记清查时发现的财产物资的盘亏数和经过批准后盘盈转销数；贷方登记清查时发现的财产物资的盘盈数和经过批准后的盘亏的转销数。期末余额如果在借方，表示尚未批准处理的各种财产的净损失；期末余额如果在贷方，表示尚未批准处理的各种财产的净溢余。为了分别反映和监督企业固定资产和流动资产的盘盈、盘亏及核销的情况，应分别设置"待处理固定资产损溢"和"待处理流动资产损溢"两个明细分类科目，进行明细分类核算。

## （二）财产清查结果的账务处理

**1. 实物清查结果的处理**

在实物的清查中发现实物资产短缺或盈余时，报经批准处理以前应先通过"待处理财产损溢"账户核算，待查明原因后，根据批准处理的意见进行相应的处理。

一般来说，批准后的处理方法是：对盘亏的流动资产，因管理不善，收发计量不准确、自然损耗而产生的定额内的损耗，转作管理费用；因超定额的短缺损毁而造成的损失，应由过失人负责赔偿；因非常损失而造成的短缺毁损，在扣除保险公司的赔偿和残料价值后，列入营业外支出。对于盘盈的流动资产，一般由于收发计量不准或自然升溢等原因造成的盘盈，经批准后冲减管理费用。

**【例 2-19】** 企业在财产清查中发现甲材料盘盈 300 千克，单位成本为 5.00 元。经查明属于收发计量不准确造成。

批准处理前，编制会计分录如下：

借：原材料——甲材料　　　　　　　　　　　　　　　1 500
　　贷：待处理财产损溢——待处理流动资产损溢　　　　　　1 500

批准处理后，编制会计分录如下：

借：待处理财产损溢——待处理流动财产损溢　　　　　　1 500
　　贷：管理费用　　　　　　　　　　　　　　　　　　　1 500

**【例 2-20】** 某企业在财产清查过程中发现乙材料短缺 500 千克，单价为 4 元。经查明乙材料属于管理不善造成的盘亏。

批准处理前，编制会计分录如下：

借：待处理财产损溢——待处理流动资产损溢　　　　　　2 000
　　贷：原材料——乙材料　　　　　　　　　　　　　　　2 000

批准处理后，编制会计分录如下：

借：管理费用　　　　　　　　　　　　　　　　　　　　2 000
　　贷：待处理财产损溢——待处理流动资产损溢　　　　　　2 000

**2. 货币资金清查结果的处理**

对于库存现金清查结果的处理程序和方法与实物资产的处理方法相同。而对银行存款的清查结果应分别两种情况处理：一是记账错误造成银行存款余额与银行对账单不符，应按照错账更正的方法及时更正；二是由于未达账项造成银行存款余额与银行对账单不符，只需编制银行存款余额调节表，无须进行账务处理。

【例2-21】某企业在财产清查时发现现金短缺200元。

批准处理前，编制会计分录如下：

借：待处理财产损溢——待处理流动资产损溢　　　　　　200
　　贷：库存现金　　　　　　　　　　　　　　　　　　　　200

经过核实，现金短少属于出纳员的责任，责令出纳员赔偿。编制会计分录如下：

借：其他应收款——出纳员　　　　　　　　　　　　　　200
　　贷：待处理财产损溢——待处理流动资产损溢　　　　　　200

**3. 应收账款清查结果的处理**

对于应收款项清查结果的处理，应分别不同情况进行处理：对于企业存在的未达账项，不需要进行处理，而应在有关结算凭证到达后再据以记账；对于有争议的应收款项，应及时与对方单位协商予以解决；对于无法收回的应收款项，应作为坏账进行核销。

企业无法收回的应收款项称为坏账。按照我国会计准则制度的规定，确认坏账的标准有两个：一是因为债务人破产或死亡，以其破产财产或者遗产清偿后仍然不能收回的应收账款；二是因债务人逾期未履行偿债义务，且有明显迹象表明无法收回（如超过3年仍然不能收回）的应收账款。

对于坏账的核销，按照企业会计准则的规定，应采用备抵法。所谓备抵法，是指每一会计期末，对应收款项中可能发生的坏账损失进行合理估计并计入当期费用，形成坏账准备，当某一应收款项被确认为坏账时，将其金额冲减坏账准备并相应转销应收款项的会计处理方法。

采用备抵法处理坏账，需要设置"坏账准备"账户，该账户是"应收账款"账户的备抵调整账户，贷方登记坏账准备的提取金额，借方登记坏账准备的转销金额，贷方余额反映已经提取尚未转销的坏账准备金额。

【例2-22】甲公司2010年年末计提坏账准备19 000元。2011年9月确认应收A单位的账款8 000元已无法收回，符合坏账确认标准，经批准予以核销。应编制如下会计分录：

① 计提坏账准备时：

借：资产减值损失　　　　　　　　　　　　　　　　　19 000
　　贷：坏账准备　　　　　　　　　　　　　　　　　　　19 000

② 核销坏账时：

借：坏账准备　　　　　　　　　　　　　　　　　　　8 000
　　贷：应收账款——A单位　　　　　　　　　　　　　　　　8 000

## 第七节　会计报表

财务会计报告是指企业对外提供的反映企业某一特定日期财务状况和某一会计期间经营成果、现金流量的书面文件。它是企业根据日常的会计核算资料归集、加工和汇总后形成的，是企业会计核算的最终成果。财务会计报告分为年度、半年度、季度和月度财务报告四种。年度、半年度财务会计报告包括会计报表及其附注和其他应当在财务会计报告中披露的相关信息和资料。会计报表是财务会计报告的核心。

### 一、编制会计报表的作用

企业编制会计报表的主要目的，就是为会计报表使用者进行决策提供真实、有用的会计信息。会计报表使用者通常包括投资者及潜在投资者、债权人、政府及相关机构、企业管理人员、职工和社会公众等。不同的报表使用者对会计报表所提供信息的要求各有侧重。

投资者注意关注投资的内在风险和投资报酬。为此，企业编制的会计报表应当着重为其提供有关企业的盈利能力、资本结构和利润分配政策等相关信息。

债权人主要关注其提供给企业的资金是否安全，能否如期收回本息。为此，企业编制的会计报表应当提供反映企业偿债能力的会计信息。

政府及相关机构最关注的是国家资源的分配和运用情况，需要了解与经济政策（如税收政策）的制定、国民收入的统计等有关方面的信息。为此，企业编制的会计报表应当着重为其提供有关企业的资源及其运用、分配方面的情况，为国家的宏观决策提供必要的信息。

企业管理人员最关注的是企业财务状况的好坏、经营业绩的大小以及现金的流动情况。为此，企业编制的会计报表应当着重为其提供有关企业某一特定日期的资产、负债和所有者权益情况，以及某一特定期间经营业绩与现金流量方面的信息，并为以后进行生产经营决策、改善生产经营管理提供参考资料。

企业职工最关注的是企业为其提供的就业机会以及其稳定性、劳动报酬高低和职工福利好坏等方面的资料，而上述情况又与企业的资本结构以及盈利能力等情况密切相关。因此，企业编制的会计报表除了需要提供以上信息外，还需要提供与职工福利相关的资料。

社会公众（包括企业潜在的投资者或债权人）主要关注企业（特别是对股份有限公司）的兴衰以及发展情况。为此，企业编制的会计报表应当着重为其提供有关企业目前状况以及未来发展等方面的资料，帮助他们了解企业，并为其未来的投资决策提供信息。

## 二、会计报表的分类

会计报表可以按照不同的标准进行分类。

### （一）按反映资金运动形态分类

按会计报表反映资金运动形态的不同，可以分为静态报表和动态报表两种。静态报表是指综合反映企业某一特定日期资产、负债和所有者权益状况的报表，如资产负债表；动态报表是指综合反映企业一定期间的经营情况或现金流动情况和报表，如利润表、现金流量表。

### （二）按编报表时间分类

按会计报表编制时间的不同，可以分为月报、季报、半年报和年报四种。其中，月报要求简明扼要，及时反映；年报要求解释完整，反映全面；而季报和半年报在会计信息的详细程度方面，则介于两者之间。半年度、季度和月度会计报表统称为中期会计报表。

### （三）按服务对象分类

按照会计报表服务对象的不同，可以分为内部报表和外部报表。内部报表是指为满足企业内部经营管理需要而编制的会计报表，它一般不需由《企业会计准则》规定统一的格式，也没有统一的编制要求，一般也无须对外公开；外部报表则是指企业向外提供的会计报表，主要是供投资者、债权人、政府部门和社会公众等有关方面使用，《企业会计准则》对其规定了统一的格式和编制要求。

企业通过编制会计报表这一核算方法将会计信息更加集中、更加全面和更加深刻地用表格的形式反映出来，以实现财务会计的目标。会计报表编制的具体方法见第七章内容。

## 案例思考

### 资料

博胜公司是一家刚刚成立不久的公司，该公司主要从事一种大型机械设备的销售。假如博胜公司在年末的时候聘请你为公司的财务顾问，请你对博胜公司的

## 第二章 会计信息生成方法

存货成本计价方法的选择提出建议。

博胜公司第一年存货盘存采取永续盘存制,该公司生产的机床设备生产成本情况如下表所示:

单位:元

| 购货月份 | 购货数量(台) | 单位成本 | 总成本 |
| --- | --- | --- | --- |
| 2月份 | 60 | 185 000 | 11 100 000 |
| 5月份 | 72 | 160 000 | 11 520 000 |
| 8月份 | 55 | 150 000 | 8 250 000 |
| 12月份 | 40 | 120 000 | 4 800 000 |

该公司在12月31日会计年度终了时经过对存货盘存得知存货有45台,因为这是第一年营业,博胜公司尚未正式选择存货计价方法。该年公司主营业务收入为42 500 000元,年主营业务税金及附加为270 000元,三项期间费用总计为6 000 000元。

**思考题**

1. 假设博胜公司急需向银行申请贷款6 000万元,由你建议博胜公司应采用何种存货计价方法?为什么?

2. 假设博胜公司企业所得税率为25%,为报税目的,你建议博胜公司应采用何种存货计价方法?为什么?

# 第三章 筹资活动会计核算

**【本章学习目标】** 筹资是企业经营活动的起点。企业资金有两种主要来源渠道：一是所有者投入，二是债权人提供（本章只涉及银行这一债权人提供资金的方式）。通过本章学习，要求了解资金的主要来源渠道，掌握对投资者投入资金和从银行取得借款核算应设置的主要账户以及相应的会计处理。

## 第一节 投资者投入的核算

### 一、投入资本的性质

实收资本是指投资者按照企业章程或合同、协议的约定实际投入企业的资本，是所有者权益的主要组成部分。我国实行的是注册资本金制度，要求企业的投入资本与注册资本一致。

实收资本的构成比例或股东的股权比例是确定所有者在企业所有者权益中份额的基础，也是企业进行利润或股利分配的主要依据。

企业的实收资本按照投资主体的不同分为国家投入资本、法人投入资本、个人投入资本和外商投入资本；按照投入资本的不同形态分为货币投资、实物投资、无形资产投资等。

### 二、账户设置

一般企业应设置"实收资本"科目，核算投资者投入资本的增减变动情况。股份有限公司应设置"股本"科目，核算公司实际发行股票的面值总额。

**1. "实收资本"（股本）账户**

该账户属于所有者权益类账户，用来核算和监督企业实收资本的增减变动及其结果。该账户贷方登记所有者投资的增加额，借方登记所有者投资的减少额，

# 第三章 筹资活动会计核算

期末余额在贷方,表示期末所有者投资的实有数额。该账户按投资者设置明细账,进行明细分类核算。

**2. "资本公积"账户**

该账户属于所有者权益类账户,用来核算和监督企业收到投资者超出其在企业注册资本(或股本)中所占份额的投资,以及直接计入所有者权益的利得和损失等。该账户贷方登记资本溢价(或股本溢价)和直接计入所有者权益的利得和损失等,借方登记经投资者审议决定后用于转增资本的数额。

## 三、投入资本的核算

**1. 接受现金资产投资**

企业接受现金资产投资时,应以实际收到的金额入账,按投资合同或协议约定的投资者在企业注册资本中所占份额的部分记入"实收资本"账户,企业实际收到或存入开户银行的金额超过投资者在企业注册资本中所占份额的部分,记入"资本公积"账户。

股份有限公司发行股票收到现金资产时,按每股股票面值和发行股份总额的乘积计算的金额记入"股本"账户,实际收到的金额与该股本之间的差额,记入"资本公积"账户。

【例3-1】强盛公司于2010年12月1日收到甲公司投入本企业货币资金250 000元,款已存入银行。应编制的会计分录如下:

借:银行存款                              250 000
　　贷:实收资本——甲公司                         250 000

**2. 接受非现金资产投资**

企业接受固定资产、无形资产等非现金资产投资时,应按投资合同或协议约定的价值作为"固定资产"、"无形资产"的入账价值,按投资合同或协议约定的投资者在企业注册资本或股本中所占份额的部分作为"实收资本"或"股本"入账,投资合同或协议约定的价值超过投资者在企业注册资本或股本中所占份额的部分,记入"资本公积"。

【例3-2】2010年12月1日,强盛公司还收到甲公司作为投资投入本企业的办公设备一批,双方协议价为60 000元,在资本中所占的份额为50 000元。应编制的会计分录如下:

借:固定资产                              60 000
　　贷:实收资本——甲公司                          50 000
　　　　资本公积                                10 000

**3. 资本公积转增资本**

企业在生产经营过程中产生的资本公积和从税后利润中提取的盈余公积按照规定可以转增资本。

【例 3-3】2010 年 12 月 20 日，强盛公司经批准将企业的资本公积 100 000 元转增资本金。应编制的会计分录如下：

借：资本公积　　　　　　　　　　　　　　　　　　　　100 000
　　贷：实收资本　　　　　　　　　　　　　　　　　　　　100 000

## 第二节　借入资金的核算

企业在生产经营活动过程中为了弥补生产经营周转资金的不足，经常需要向银行或其他金融机构等债权人借入资金，形成资金的来源，从而形成企业的负债。企业借入的各种款项应该按期支付利息和按期归还本金。

企业向银行申请的借款按照偿还期限的长短分为短期借款和长期借款。

### 一、短期借款的核算

短期借款是指企业向银行或其他金融机构等借入的期限在 1 年以下（含 1 年）的各种借款。短期借款按借款的原因分为生产周转借款、薪酬借款、结算借款等。短期借款的核算包括取得借款、支付借款利息和归还借款本金三项主要内容。

#### （一）账户设置

**1. "短期借款"账户**

该账户属于负债类账户，用来核算和监督企业向银行或其他金融机构借入的偿还期在 1 年以内的借款的增减变动及结余信息。其贷方登记短期借款本金的取得，借方登记短期借款本金的归还；期末余额在贷方，表示企业尚未归还的短期借款本金。该账户按照债权人的不同设置明细账。

**2. "财务费用"账户**

该账户属于费用类账户，用来核算和监督企业为筹集生产经营所需资金等而发生的各种费用，包括利息支出及相关手续费等。其借方登记发生的财务费用，贷方登记期末结转至"本年利润"的财务费用，经过结转后，期末该账户无余额。该账户应按财务费用项目进行明细核算。

## 第三章 筹资活动会计核算

**3. "应付利息"账户**

该账户属于负债类账户,用来核算企业按照合同约定应支付的利息。该账户贷方登记应支付的利息,借方登记实际支付的利息;期末贷方余额反映企业按照合同约定应支付但尚未支付的利息。该账户应当按照存款人或债权人进行明细核算。

### (二) 短期借款的取得和利息的处理

在实际工作中,银行于每季度末收取短期借款利息。因此,企业短期借款的利息一般采用月末预提的方式进行核算。

【例3-4】2010年12月1日,强盛公司向银行借入期限为3个月期的借款150 000元,利率为4%,借款已存入银行。应编制的会计分录如下:

借:银行存款　　　　　　　　　　　　　　　　150 000
　　贷:短期借款　　　　　　　　　　　　　　　　　150 000

【例3-5】承[例3-4],强盛公司2010年12月20日支付该笔短期借款利息500元。应编制的会计分录如下:

借:财务费用　　　　　　　　　　　　　　　　　　500
　　贷:银行存款　　　　　　　　　　　　　　　　　　500

【例3-6】承[例3-4],强盛公司2011年1月31日预提该笔短期借款利息500元。应编制的会计分录如下:

借:财务费用　　　　　　　　　　　　　　　　　　500
　　贷:应付利息　　　　　　　　　　　　　　　　　　500

2月28日,强盛公司的会计处理同上。

### (三) 短期借款到期归还

短期借款到期,应归还的本金和利息由银行直接从结算账户扣收或由企业主动填写转账支票偿还。

【例3-7】承[例3-4],强盛公司2011年3月1日以银行存款归还到期的短期借款150 000元,以及1月份、2月份已预提但尚未支付的利息1 000元。应编制的会计分录如下:

借:短期借款　　　　　　　　　　　　　　　　150 000
　　应付利息　　　　　　　　　　　　　　　　　1 000
　　贷:银行存款　　　　　　　　　　　　　　　　　151 000

## 二、长期借款的核算

长期借款是企业向银行或其他金融机构借入的偿还期在 1 年以上（不含 1 年）的各种借款。长期借款一般为特定用途的借款，如固定资产购建借款。

### （一）账户设置

"长期借款"账户属于负债类账户，用来核算和监督企业向银行或其他金融机构借入的期限在 1 年以上（不含 1 年）的各种长期借款本金的取得和归还。其贷方登记长期借款本金的取得，借方登记归还的长期借款本金；期末余额在贷方，表示企业尚未归还的长期借款本金。"长期借款"账户应按债权人设置明细账，并按借款种类进行明细核算。

### （二）长期借款核算举例

【例 3-8】强盛公司 2010 年 12 月 1 日向银行借入 3 年期借款 1 000 000 元。应编制的会计分录如下：

借：银行存款　　　　　　　　　　　　　　1 000 000
　　贷：长期借款　　　　　　　　　　　　　　1 000 000

【例 3-9】强盛公司 2010 年 12 月 31 日归还一笔到期的长期借款本金 500 000 元。应编制的会计分录如下：

借：长期借款　　　　　　　　　　　　　　500 000
　　贷：银行存款　　　　　　　　　　　　　　500 000

## 案例思考

**资料**

2008 年 1 月，张易和王前两人各自出资 50 万元筹建 A 公司，准备从事材料加工。2008 年 10 月公司正式投入生产，当年就产生盈利。2009 年、2010 年相继盈利。2011 年 3 月刘想加入 A 公司，三方协商后同意刘想以 80 万元的存款加入，占 1/3 的投资比例。

**思考题**

1. 刘想为什么出资额比张易和王前都多，却只获得 1/3 的投资比例？
2. 会计上 A 公司对刘想出资额多出部分应该如何处理？这部分资金在企业有何用途？

# 第四章 经营活动的核算

【本章学习目标】本章以制造业为例,讲解包括采购、生产、销售等主要经营活动的会计核算。通过本章学习,要求掌握固定资产外购的账务处理;掌握材料采购成本的构成及材料采购和入库的账务处理;掌握产品生产成本的构成以及生产过程相关的会计处理;掌握销售过程中,销售收入实现、销售成本结转、销售费用发生及营业税金的会计处理。

## 第一节 固定资产购建的核算

固定资产是指为生产商品、提供劳务、出租或经营管理而持有的使用寿命超过一个会计年度的有形资产,主要包括房屋及建筑物、机器、机械、运输设备等。固定资产应按取得时的实际成本入账。

### 一、购入不需要安装的固定资产的账务处理

企业购入不需要安装的固定资产,应将购进时支付的价款、包装费、运输费记入固定资产的原始价值。生产用固定资产购进时支付的增值税不记入固定资产的原始价值,单独核算。

#### (一) 增值税

增值税是对销售货物或者提供加工、修理修配劳务以及进口货物的单位和个人就其实现的增值额征收的一种流转税,也是一种价外税。

《中华人民共和国增值税暂行条例》将纳税人按其经营规模大小以及会计核算是否健全划分为一般纳税人和小规模纳税人。这两类纳税人分别适用不同的税率和征税办法,一般纳税人税率为17%和13%,实行进销抵扣;小规模纳税人税率为3%,按年销售收入和适用税率计算缴纳。

企业在购进货物时所支付的增值税,一般纳税人企业不应记入所购货物的成

本；小规模纳税人企业则应将其记入所购货物的成本。本部分内容仅从一般纳税人企业的角度来对增值税所涉及的一些相关概念加以简单介绍。

对于一般纳税人而言，增值税所包括的几个主要项目及其计算如下：

**1. 销项税额**

销项税额是纳税人销售货物或提供应税劳务，按照销售额或应税劳务收入和规定的税率计算并向购买方收取的增值额。一般纳税人企业的销项税额，应在销售货物或提供应税劳务时所开出的增值税专用发票上注明其金额。对于属于一般纳税人的销售方来讲，在没有抵扣其进项税额前，销售方收取的销项税额还不是其应纳增值税额。销项税额计算公式如下：

$$销项税额 = 不含税的销售额 \times 税率$$

**2. 进项税额**

进项税额是购进货物或接受应税劳务时支付的增值税额。进项税额是与销项税额相对应的另一个概念。在开具增值税专用发票的情况下，销售方收取的销项税额就是购买方支付的进项税额。对任何一个一般纳税人来说，在经营活动过程中既会发生销售货物或提供应税劳务，又会发生购进货物或接受应税劳务，因此，每个一般纳税人都会有收取的销项税额和支付的进项税额。

**3. 应纳增值税额**

应纳增值税额是纳税人实际应缴纳的增值税额。其计算公式如下：

$$应纳税额 = 当期销项税额 - 当期进项税额$$

## （二）账户设置

**1. "固定资产"账户**

该账户属于资产类会计科目，用来核算和监督企业持有的固定资产原始价值的增减变动和结存信息。其借方登记固定资产原始价值的增加，贷方登记固定资产原始价值的减少，期末借方余额表示固定资产的原始价值总额。

**2. "应交税费"账户**

该账户属于负债类会计科目，用来核算企业按照税法等规定计算应向税务机关缴纳的各种税费。其贷方登记应缴纳的各种税费，借方登记实际缴纳的各种税费；期末贷方余额表示应缴未缴的税费，如为借方余额，表示多缴的或未抵扣的税费。该账户应按税种设置明细账，进行明细分类核算，其中"应交税费——应交增值税"账户是用来核算和监督企业应缴和实缴增值税结算情况的账户。企业购买货物支付的增值税进项税记入该账户的借方，销售产品时向购买方收取的销项税记入贷方。期末将销项税与进项税相抵后，如为贷方余额，表示应缴未

# 第四章 经营活动的核算

缴的增值税额；如为借方余额，表示多缴或尚未抵扣的增值税额。

## （三）账务处理

**【例 4-1】** 强盛公司 2010 年 12 月 5 日购入不需要安装的新机器设备 1 台，用于车间产品生产，买价为 50 000 元，增值税为 8 500 元，运杂费为 500 元，全部款项已用银行存款支付。应编制的会计分录如下：

借：固定资产——机器设备　　　　　　　　　　　　50 500
　　应交税费——应交增值税（进项税额）　　　　　8 500
　　贷：银行存款　　　　　　　　　　　　　　　　　　　59 000

## 二、购入需要安装的固定资产的账务处理

固定资产购入后需要安装才能交付使用，购进时发生的买价、包装费、运输费等实际支出以及安装过程中的安装成本两部分作为固定资产的原始价值。

### （一）账户设置

"在建工程"账户：该账户属于资产类会计科目，用来核算和监督企业进行各项固定资产的新建、更新改造及其机器设备的安装等工程所发生的实际支出。其借方登记各项工程的实际支出，贷方登记完工工程转出的实际成本；余额在借方，表示期末尚未完工工程的实际成本。该账户可按照在建工程项目进行明细核算。

### （二）账务处理

**【例 4-2】** 强盛公司 2010 年 12 月 1 日购入需要安装的新机器设备一台，用于车间产品生产，买价为 300 000 元，增值税为 51 000 元，包装费和运输费为 3 000 元，全部款项已用银行存款支付。在安装过程中，耗用材料为 3 000 元，耗用人工为 4 000 元。12 月 5 日安装完毕，经验收合格达到预定可使用状态交付使用。应编制的会计分录如下：

（1）2010 年 12 月 1 日将购入的固定资产交付安装。

借：在建工程　　　　　　　　　　　　　　　　　　303 000
　　应交税费——应交增值税（进项税额）　　　　　51 000
　　贷：银行存款　　　　　　　　　　　　　　　　　　　354 000

（2）安装过程耗用的材料和人工费。

借：在建工程　　　　　　　　　　　　　　　　　　7 000

贷：原材料　　　　　　　　　　　　　　　　　　　　　　　3 000
　　　　应付职工薪酬　　　　　　　　　　　　　　　　　　　　4 000
(3) 安装完毕，验收合格交付使用，应按该项工程的实际成本。
　　借：固定资产　　　　　　　　　　　　　　　　　　　　　310 000
　　　贷：在建工程　　　　　　　　　　　　　　　　　　　　310 000

## 第二节　材料购进的核算

### 一、材料采购业务核算

企业要进行正常的生产经营活动，就必须购买和储备一定种类和数量的材料。在材料采购过程中，一方面是企业从供应单位购进各种材料物资，另一方面是企业要支付材料的价款、税金和各种采购费用，并与供货单位发生货款结算关系。材料采购会计处理的主要内容包括：计算材料采购的实际成本、货款的结算和材料的验收入库三方面。

(一) 账户设置

**1. "在途物资" 账户**

该账户是资产类账户，用来核算企业已购买但尚未验收入库的各种物资的实际采购成本。该账户的借方登记支付的材料实际采购成本，贷方登记已验收入库材料的实际采购成本；期末余额在借方，反映企业已购买但尚未入库的在途物资成本。本科目一般按物资品种进行明细核算。

**2. "原材料" 账户**

该账户属于资产类账户，核算企业各种库存材料的实际成本，包括原料及主要材料、辅助材料、外购半成品、修理用备件、包装材料、燃料等。其借方登记已验收入库材料的实际成本，贷方登记领用材料的实际成本；期末余额在借方，表示各种库存材料的实际成本。本科目可按材料的保管地点（仓库）、材料的类别、品种和规格等进行明细核算。

**3. "应付账款" 账户**

该账户属于负债类账户，用以核算企业因购买材料、商品和接受劳务等经营活动应支付的款项。其贷方登记因购买材料、商品或接受劳务供应等而发生的应付未付的款项，借方登记已经支付或已开出商业承兑汇票抵付的应付款项；期末余额在贷方，反映企业尚未支付的应付账款余额。本科目可按债权人

## 第四章 经营活动的核算

进行明细核算。

**4. "预付账款"账户**

该账户属于资产类账户,该科目核算企业按照合同规定预付的款项。其借方登记按照合同规定预付给供应单位的货款和补付的款项,贷方登记收到所购货物价款和退回多付的款项;本科目期末借方余额反映企业预付的款项,期末如为贷方余额,反映企业尚未补付的款项。本科目可按供货单位进行明细核算。预付款项不多的企业,也可以将预付的款项直接记入"应付账款"账户的借方,不设置"预付账款"账户。

**5. "应付票据"账户**

该账户属于负债类账户,用以核算企业购买材料、商品和接受劳务供应等开出的商业汇票,包括银行承兑汇票和商业承兑汇票。企业开出商业汇票或以商业汇票抵付货款、应付账款等登记在该账户的贷方,其借方登记到期支付的票款,期末余额在贷方,反映企业尚未到期的商业汇票的票面金额。本科目可按债权人进行明细核算。

### (二) 材料购进业务的核算

**1. 材料采购成本的构成**

材料的采购成本一般由采购材料发生的买价和采购费用两部分组成。买价是指采购材料时取得的发票上的价格,可直接记入所购材料的采购成本中。采购费用是指企业在采购材料过程中所支付的各项费用,包括材料的运输费、装卸费、包装费、保险费、运输途中的合理损耗费、入库前的挑选整理费以及其他费用等。实际工作中为了简化核算,对某些本应记入材料采购成本的采购费用,如采购人员的差旅费、市内采购材料的运杂费、专设采购机构的经费等,不记入采购材料成本,而是作为管理费用列支。

**2. 材料采购成本的计算**

材料采购成本的计算,就是将企业采购材料所支付的买价和采购费用按照购入材料的类别、品种加以归集,计算其采购总成本和单位成本。其计算公式如下:

材料采购成本 = 该种材料的买价 + 该种材料应负担的采购费用

对材料采购过程中发生的采购费用,如果是为采购一种材料发生的,可直接记入该种材料的采购成本中;如果为采购多种材料共同发生的,则应按一定的标准分配记入各种材料的采购成本中:

## 会 计 学

$$采购费用分配率 = \frac{采购费用总额}{\sum 所购材料的重量(体积、买价等)}$$

$$各材料应分配的采购费用 = 该种材料的重量(体积、买价等) \times 采购费用分配率$$

### 3. 材料采购过程的核算

【例4-3】2010年12月8日，强盛公司向同城的H工厂购入甲材料重量为4 000千克，单价为20元/千克，价款为80 000元，增值税为13 600元，货款及增值税均以银行存款支付，材料已验收入库。其会计分录如下：

借：原材料——甲材料　　　　　　　　　　　　　　80 000
　　应交税费——应交增值税（进项税额）　　　　　13 600
　　贷：银行存款　　　　　　　　　　　　　　　　　　93 600

【例4-4】2010年12月6日，强盛公司向外地的F工厂购入乙材料重量为5 000千克，单价为100元/千克，价款为500 000元，增值税为85 000元，货款及增值税均尚未支付。其会计分录如下：

借：在途物资——乙材料　　　　　　　　　　　　　500 000
　　应交税费——应交增值税（进项税额）　　　　　85 000
　　贷：应付账款——F工厂　　　　　　　　　　　　　585 000

【例4-5】12月7日，强盛公司以存款支付上述乙材料的运杂费2 000元。其会计分录如下：

借：在途物资——乙材料　　　　　　　　　　　　　2 000
　　贷：银行存款　　　　　　　　　　　　　　　　　　2 000

【例4-6】12月9日，强盛公司从F工厂购入的乙材料验收入库。其会计分录如下：

借：原材料——乙材料　　　　　　　　　　　　　　502 000
　　贷：在途物资——乙材料　　　　　　　　　　　　　502 000

【例4-7】12月15日，强盛公司从M公司购入甲、乙两种材料，甲材料重量为2 500千克，单价为20元/千克，货款计50 000元；乙材料重量为2 000千克，单价为100元/千克，货款计200 000元，总计货款为250 000元，增值税为42 500元，价税款以预付账款抵付。其会计分录如下：

借：在途物资——甲材料　　　　　　　　　　　　　50 000
　　　　　　　——乙材料　　　　　　　　　　　　　200 000
　　应交税费——应交增值税（进项税额）　　　　　42 500
　　贷：预付账款　　　　　　　　　　　　　　　　　　292 500

# 第四章 经营活动的核算

【例4-8】12月16日,强盛公司以银行存款支付甲、乙两种材料的运杂费9 000元。运杂费采用材料的重量标准进行分配。

运杂费分配率 = 9 000 ÷ (2 500 + 2 000) = 2（元/千克）

甲材料应分担的运杂费 = 2 500 × 2 = 5 000（元）

乙材料应分担的运杂费 = 2 000 × 2 = 4 000（元）

其会计分录如下：

　　借：在途物资——甲材料　　　　　　　　　　　　　　　5 000
　　　　　　　　——乙材料　　　　　　　　　　　　　　　4 000
　　　　贷：银行存款　　　　　　　　　　　　　　　　　　9 000

【例4-9】12月20日,上述材料验收入库,其会计分录如下：

　　借：原材料——甲材料　　　　　　　　　　　　　　　　55 000
　　　　　　——乙材料　　　　　　　　　　　　　　　　204 000
　　　　贷：在途物资——甲材料　　　　　　　　　　　　　55 000
　　　　　　　　　　——乙材料　　　　　　　　　　　　204 000

【例4-10】12月25日,强盛公司收到银行发来的收款通知,系M公司退回的预付账款多余款7 500元。其会计分录如下：

　　借：银行存款　　　　　　　　　　　　　　　　　　　　7 500
　　　　贷：预付账款　　　　　　　　　　　　　　　　　　7 500

## 二、采购过程相关费用的核算

采购过程中采购人员发生的差旅费、专设采购机构的费用,按现行准则及简化核算的原则,不记入材料采购成本,发生时直接记入管理费用。

管理费用是指企业行政管理部门为了组织和管理企业生产经营所发生的费用,包括企业在筹建期间内发生的开办费、董事会和行政管理部门在企业的经营管理中发生的或者应由企业统一负担的公司经费（包括行政管理部门职工工资及福利费、物料消耗低值易耗品摊销、办公费和差旅费等）、工会经费、董事会费（包括董事会成员津贴、会议费和差旅费等）、聘请中介机构费、咨询费（含顾问费）、诉讼费、业务招待费、房产税、车船税、土地使用税、印花税、技术转让费、矿产资源补偿费、研究费用、排污费等。企业生产车间（部门）和行政管理部门等发生的固定资产修理费用等后续支出,应在发生时记入管理费用。

# 会 计 学

## (一) 账户设置

**1. "管理费用"账户**

该账户属于损益类账户,核算企业行政管理部门为了组织和管理企业生产经营所发生的费用。其借方登记各项管理费用的发生数,期末应将本账户的余额结转至"本年利润"账户的借方,结转后本账户应无余额。本账户应按费用项目设置明细账,进行明细核算。

**2. "其他应收款"账户**

该账户属于资产类账户,核算企业除应收票据、应收账款、预付账款等以外的其他各种应收、暂付款项。其借方登记企业发生的各种应收、暂付款项,贷方登记各种款项的收回和转销;期末余额一般在借方,反映企业各种尚未收回的其他应收款。

## (二) 核算举例

**【例4-11】** 12月5日,采购员张翔预借差旅费3 000元到外地F工厂采购乙材料,以现金支付。其会计分录如下:

  借:其他应收款——张翔          3 000
    贷:库存现金            3 000

**【例4-12】** 12月9日,采购员张翔出差归来,报销差旅费2 700元,归还现金300元。其会计分录如下:

  借:库存现金             300
    管理费用            2 700
    贷:其他应收款——张翔        3 000

**【例4-13】** 12月12日,采购部门购买办公用品一批,以银行存款支付3 200元。其会计分录如下:

  借:管理费用            3 200
    贷:银行存款           3 200

**【例4-14】** 12月20日,采购员刘明报销差旅费4 200元。出差前未预借差旅费,以现金支付。其会计分录如下:

  借:管理费用            4 200
    贷:库存现金           4 200

**【例4-15】** 12月20日,以现金支付甲、乙材料的市内运杂费500元。其会计分录如下:

  借:管理费用            500
    贷:库存现金           500

第四章　经营活动的核算

# 第三节　生产产品的核算

## 一、生产过程核算的主要内容

工业企业从材料投入生产起,到产品完工入库为止的过程,称为生产过程,生产过程中将发生各种耗费,包括直接材料、支付给直接参加产品生产的工人工资,以及按生产工人工资总额规定的比例计算提取的各种保险费用、企业生产车间等生产单位为组织和管理生产而发生的各项间接费用,即制造费用。为生产一定种类、一定数量的产品所发生的直接材料、直接人工和制造费用的总和,就是这些产品的成本,称为生产成本或制造成本。直接材料、直接人工和制造费用称为成本项目。

生产过程核算就是要计算所生产的产品成本,主要的会计业务是材料费用的发生、职工薪酬的发生、固定资产折旧等制造费用的归集和分配,以及完工产品成本的结转。

## 二、材料领用的核算

工业企业在生产准备阶段购入的各种原材料验收入库之后,生产车间填制"领料单"向仓库领取所需材料,仓库发出材料后将"领料单"送交会计部门。会计部门将"领料单"汇总编制"发料凭证汇总表",并根据本月发生的材料费用按其用途记入各成本费用中。产品生产直接领用的记入生产成本;车间一般耗用的记入制造费用;销售部门领用的记入销售费用;行政管理部门领用的记入管理费用;工程建造领用的记入在建工程。

### (一) 账户设置

**1. "生产成本"账户**

该账户属于成本类账户,核算产品生产过程中发生的各项生产成本。其借方登记应记入产品成本的各项费用,贷方登记完工入库产品的生产成本;期末余额一般在借方,表示尚未完工的各项在产品生产成本。该账户应当按基本生产车间和成本核算对象(如产品的品种、步骤、批别等)设置明细分类账,并按规定的成本项目设置专栏,进行明细分类核算。

## 2. "制造费用"账户

该账户属于成本类账户,用来归集和分配企业制造部门为生产和提供劳务而发生的各项间接费用。其借方登记企业在制造过程中发生的各项间接费用,贷方登记月末分配结转的应由各种产品承担的制造费用;月末该账户一般无余额。该账户应按不同车间、部门和费用项目设置明细分类账,进行明细分类核算。

## 3. "销售费用"账户

该账户属于损益类账户,核算企业销售部门为了销售产品所发生的费用,包括销售机构的办公费、销售人员薪酬、广告费、运杂费、展览费等。其借方登记各项管理费用的发生数,期末应将本账户的余额结转至"本年利润"账户的借方,结转后本账户应无余额。本账户应按费用项目设置明细账,进行明细核算。

### (二) 核算举例

【例4-16】强盛公司2010年12月的"发料凭证汇总表"中列明的各部门领用原材料情况如下:基本生产车间生产产品共领用材料800 000元,其中用于A产品生产的为450 000元,用于B产品生产的为350 000元,车间一般耗用为10 000元,管理部门领用为5 000元,销售部门领用为2 000元。其会计分录如下:

| | |
|---|---:|
| 借:生产成本——A产品 | 450 000 |
| ——B产品 | 350 000 |
| 制造费用 | 10 000 |
| 管理费用 | 5 000 |
| 销售费用 | 2 000 |
| 贷:原材料 | 817 000 |

## 三、职工薪酬的核算

职工薪酬是指企业为获得职工提供的服务而给予各种形式的报酬以及其他相关支出,包括职工在职期间和离职后提供给职工的全部货币性薪酬和非货币性福利。根据《企业会计准则第9号——职工薪酬》,职工薪酬包括:职工工资、奖金、津贴和补贴;职工福利费;医疗保险费、养老保险费、失业保险费、工伤保险费和生育保险费等社会保险费;住房公积金;工会经费和职工教育经费;非货币性福利;因解除与职工的劳动关系给予的补偿;其他与获得职工提供的服务相关的支出。

企业应当根据职工提供服务的受益对象,对发生的职工薪酬分别按以下情况进行处理：直接生产工人的职工薪酬，记入生产成本；车间管理人员和一般性工人的职工薪酬，记入制造费用；行政管理部门人员的职工薪酬，记入管理费用，销售人员的职工薪酬，记入销售费用；应由在建工程负担的职工薪酬，记入在建工程。

### （一）账户设置

设置"应付职工薪酬"账户。该账户属于负债类账户，用来核算企业根据有关规定应付职工的各种薪酬。其借方登记本期实际支付的职工薪酬，贷方登记本期应付职工的各种薪酬；期末余额一般在贷方，表示企业应付未付的职工薪酬。该账户可按"工资"、"职工福利"、"社会保险费"、"住房公积金"、"工会经费"、"职工教育经费"、"非货币性福利"等进行明细核算。

### （二）应付职工薪酬的核算

【例 4-17】2010 年 12 月 8 日，强盛公司通过银行发放上月职工薪酬 610 000 元。其编制的会计分录如下：

借：应付职工薪酬　　　　　　　　　　　　　　　　　610 000
　　贷：银行存款　　　　　　　　　　　　　　　　　　　610 000

【例 4-18】强盛公司 2010 年 12 月的"职工薪酬费用分配表"列示本月应付职工薪酬 630 000 元中：A 产品生产工人薪酬为 250 000 元；B 产品生产工人薪酬为 150 000 元；车间管理人员薪酬为 50 000 元；厂部管理人员薪酬为 100 000 元，销售人员薪酬为 80 000 元。其编制的会计分录如下：

借：生产成本——A 产品　　　　　　　　　　　　　　250 000
　　　　　　——B 产品　　　　　　　　　　　　　　150 000
　　制造费用　　　　　　　　　　　　　　　　　　　 50 000
　　管理费用　　　　　　　　　　　　　　　　　　　100 000
　　销售费用　　　　　　　　　　　　　　　　　　　 80 000
　　贷：应付职工薪酬　　　　　　　　　　　　　　　　630 000

## 四、制造费用归集和分配的核算

制造费用是指企业各个生产分厂、车间为组织和管理生产所发生的各项间接生产费用，包括分厂或车间管理人员的工资、职工福利、生产车间固定资产的折旧费、机物料消耗、低值易耗品摊销、水电费、办公费、差旅费、劳动保护费等。

制造费用属于间接费用,不能直接记入生产成本,需要先在制造费用科目归集,然后按照一定的方法在相关产品之间进行分配。

### (一) 制造费用归集的核算

生产车间发生的制造费用除了上述的生产车间一般耗料、生产车间管理人员和一般性工人的薪酬外,还包括生产车间固定资产的折旧费、水电气费、周转材料的耗用和摊销等。

**1. 折旧费**

固定资产折旧是指固定资产在使用过程中由于磨损而逐渐转移的价值。这部分转移的价值以折旧费的形式记入成本费用中,并从企业营业收入中得到补偿,转化为货币资金。

固定资产折旧的计算方法分为两类:直线法和加速折旧法。其中,直线法主要包括平均年限法和工作量法,加速折旧法主要包括双倍余额递减法和年数总和法。在此简单介绍平均年限法。

平均年限法是指将固定资产的折旧均衡分摊到固定资产的使用年限内各期的一种方法。该法适用于各期使用程度大致相同的固定资产,如仓库、电子通信设备等。在生产性企业中,平均年限法运用较为广泛。该种方法的计算公式如下:

年折旧率 = (1 - 预计净残值率) ÷ 预计使用年限

月折旧率 = 年折旧率 ÷ 12

月折旧额 = 固定资产原价 × 月折旧率

"累计折旧"账户是资产类账户,它是"固定资产"账户的一个调整账户。该账户用来核算企业固定资产发生的累计折旧。其贷方登记固定资产计提的折旧额,借方登记已提固定资产折旧的减少或转销数额;期末余额在贷方,表示现有固定资产已提的累计折旧。

固定资产折旧按月计提,按照固定资产所在的部门和用途记入"管理费用"、"制造费用"等账户。

**【例 4-19】** 强盛公司 2010 年 12 月末根据"固定资产折旧计算表"计算出管理部门的固定资产计提的折旧额为 45 000 元,生产车间固定资产计提的折旧额为 90 000 元。其编制的会计分录如下:

借:管理费用　　　　　　　　　　　　　　　　　45 000
　　制造费用　　　　　　　　　　　　　　　　　90 000
　　贷:累计折旧　　　　　　　　　　　　　　　　　　135 000

**2. 水、电、气费**

企业每月发生的水、电、气费,按照受益部门记入"管理费用"、"制造费

# 第四章 经营活动的核算

用"等账户。

【例 4-20】强盛公司 2010 年 12 月发生水、电、气费共计 10 000 元,以银行存款支付,其中车间承担 7 000 元,管理部门承担 3 000 元。其编制的会计分录如下:

借:管理费用　　　　　　　　　　　　　　　　　　3 000
　　制造费用　　　　　　　　　　　　　　　　　　7 000
　　贷:银行存款　　　　　　　　　　　　　　　　　　10 000

**3. 办公费**

车间发生的办公费记入"制造费用"账户。

【例 4-21】强盛公司用银行存款支付车间办公费 3 000 元。其编制的会计分录如下:

借:制造费用　　　　　　　　　　　　　　　　　　3 000
　　贷:银行存款　　　　　　　　　　　　　　　　　　3 000

## (二) 制造费用分配的核算

月末,需将归集的制造费用分配记入有关成本计算对象。制造费用的分配标准一般有生产工人工时、生产工人工资、机器工时等分配标准。企业具体采用哪种标准分配由企业自行确定。其计算公式如下:

$$制造费用分配率 = \frac{制造费用总额}{产品生产工时(或生产工人工资、产量)总和}$$

$$某产品应分配的制造费用 = 该产品生产工时(或生产工人工资、产量等) \times 制造费用分配率$$

【例 4-22】12 月 31 日将 [例 4-19]~[例 4-23] 中发生的制造费用按照生产工时比例分配记入 A、B 产品的生产成本,其中 A 产品生产工时为 400 小时,B 产品生产工时为 600 小时。制造费用的归集和分配计算如下:

本月发生的制造费用 = 10 000 + 50 000 + 90 000 + 7 000 + 3 000 = 160 000(元)

A 产品应负担的制造费用 = 160 000 ÷ (400 + 600) × 400 = 64 000(元)
B 产品应负担的制造费用 = 160 000 ÷ (400 + 600) × 600 = 96 000(元)

根据月末"制造费用分配表",应编制的会计分录如下:

借:生产成本——A 产品　　　　　　　　　　　　　　64 000
　　　　　　——B 产品　　　　　　　　　　　　　　96 000
　　贷:制造费用　　　　　　　　　　　　　　　　　　160 000

# 会 计 学

## 五、产品完工验收入库的核算

经过生产费用的归集和分配,已将各种产品所发生的直接材料、直接人工和制造费用归集到了"生产成本"账户的借方,在此基础上就可以计算各种产品的总成本和单位成本。产品生产成本的计算一般在生产成本明细账中进行。如果月末某种产品全部完工,该种产品生产成本明细账所归集的费用总额就是这种完工产品的总成本,用完工产品总成本除以该种产品的完工总产量即可计算出该种产品的单位成本;如果月末某种产品全部未完工,该种产品生产成本明细账所归集的费用总额就是该种产品在产品的总成本;如果月末某种产品部分完工,部分未完工,这时归集在产品成本明细账中的费用总额还要采取适当的分配方法在完工产品和在产品之间进行分配,然后才能计算出完工产品的总成本和单位成本。

### (一) 账户设置

"库存商品"是资产类账户,用来核算和监督企业已生产完工并验收入库的产成品的增减变动及结存情况。该账户借方登记已经完成全部生产过程并已验收入库的产成品的实际成本,贷方登记已销售产成品的实际成本;余额在借方,表示库存产成品的实际成本。该账户应按照产成品的种类、名称以及存放地点等设置明细账,进行明细分类核算。

### (二) 核算举例

【例 4-23】2010 年 12 月 31 日,强盛公司本月投入生产的 A 产品 1 000 件、B 产品 2 000 件全部完工验收入库。根据 A、B 产品"生产成本明细账"及"完工产品成本计算单",A 产品完工产品成本 764 000 元 (直接材料 450 000 元、直接人工 250 000 元、制造费用 64 000 元),B 产品完工产品成本 596 000 元 (直接材料 350 000 元、直接人工 150 000 元、制造费用 96 000 元),其编制的会计分录如下:

借:库存商品——A 产品　　　　　　　　　　　　　　　764 000
　　　　　　——B 产品　　　　　　　　　　　　　　　596 000
　　贷:生产成本——A 产品　　　　　　　　　　　　　　764 000
　　　　　　——B 产品　　　　　　　　　　　　　　　596 000

第四章 经营活动的核算

## 第四节 销售业务的核算

产品销售过程是产品价值的实现过程。在产品的销售过程中，一方面，企业要确认产品销售收入的实现与购买单位办理货款的结算；另一方面，在销售产品的过程中会发生运杂费、包装费、广告费等销售费用，要结转已销售产品的生产成本，同时还需按照国家税法的规定计算缴纳各种产品销售税费，最后确定产品销售损益。因此，销售过程核算的主要内容有：确认和核算销售收入并办理货款结算、计算和缴纳增值税等税费、结转销售成本、核算销售费用等。

### 一、主营业务收入的核算

主营业务收入是指企业为完成其经营目标而从事的日常活动中的主要经营活动取得的收入，包括销售产品、自制半成品、提供工业性劳务等取得的收入。工业企业销售产品实现的收入就是其主营业务收入。销售产品所获得的收入应以权责发生制为基础，根据《企业会计准则第 14 号——收入》规定的条件加以确认。一般情况下，当产品已经发出，产品的所有权已经转移给购买方后，企业收到货款或取得收取货款的凭证，即可确认主营业务收入。

#### （一）账户设置

**1. "主营业务收入"账户**

该账户属于收入类账户，用于核算和监督企业销售产品和提供劳务所实现的收入。其贷方登记企业实现的主营业务收入，借方登记因退货等原因产生的销售收入的转销数；期末应将本账户的余额转入"本年利润"账户，结转后该账户期末无余额。该账户应按照产品的种类设置明细账，进行明细分类核算。

**2. "应收票据"账户**

该账户属于资产类账户，用来核算和监督企业与购买单位开出的商业汇票的结算情况。其借方登记收到购买单位开出的商业汇票的金额，贷方登记实际收到的票款；期末如有余额在借方，表示企业持有的期末尚未收回的票据应收款。

**3. "应收账款"账户**

该账户属于资产类账户，用来核算和监督企业因销售产品应向购货单位收取的款项。其借方登记由于销售产品而发生的应收账款，贷方登记已经收回的应收账款；期末余额如在借方，表示企业尚未收回的应收账款。该账户应按照购货单位设置明细账，进行明细分类核算。

**4.  "预收账款"账户**

该账户属于负债类账户，用来核算和监督企业按照合同规定向购货单位预收的款项。其贷方登记预收购买单位的货款，借方登记用产品或劳务抵偿的预收货款，期末余额如在贷方，表示企业向购货单位预收的款项，期末余额如在借方，表示企业应收由购货单位补付的货款。该账户应按照购货单位设置明细账，进行明细分类核算。对于预收款业务不多的企业，也可不单独设置"预收账款"账户，而将预收款业务并入"应收账款"账户核算。

## （二）核算举例

**【例4-24】** 2010年12月31日，强盛公司向东方公司销售A产品700件，每件售价为1 000元，发票注明该批产品的价款为700 000元，增值税税额为119 000元，货款收存银行。应编制的会计分录如下：

借：银行存款　　　　　　　　　　　　　　　　　　819 000
　　贷：主营业务收入——A产品　　　　　　　　　700 000
　　　　应交税费——应交增值税（销项税额）　　　119 000

**【例4-25】** 2010年12月31日，强盛公司向大正公司销售A产品200件，每件售价1 000元，发票注明该批产品的价款为200 000元，增值税税额为34 000元，货款对方暂欠。应编制的会计分录如下：

借：应收账款——大正公司　　　　　　　　　　　　234 000
　　贷：主营业务收入——A产品　　　　　　　　　200 000
　　　　应交税费——应交增值税（销项税额）　　　 34 000

**【例4-26】** 2010年12月31日，强盛公司向大明商店销售B产品500件，每件售价为500元，发票注明该批产品的价款为250 000元，增值税税额为42 500元，收到对方开出期限为3个月的商业汇票一张。应编制的会计分录如下：

借：应收票据——大明商店　　　　　　　　　　　　292 500
　　贷：主营业务收入——A产品　　　　　　　　　250 000
　　　　应交税费——应交增值税（销项税额）　　　 42 500

**【例4-27】** 2010年12月10日，强盛公司按照合同规定预收机车厂订购B产品的货款400 000元。应编制的会计分录如下：

借：银行存款　　　　　　　　　　　　　　　　　　400 000
　　贷：预收账款　　　　　　　　　　　　　　　　400 000

**【例4-28】** 2010年12月31日，强盛公司向机车厂发出B产品800件，每

## 第四章 经营活动的核算

件售价为 500 元,发票注明该批产品的价款为 400 000 元,增值税税额为 68 000 元,原预收款不足,其差额部分当即收到并存入银行。应编制的会计分录如下:

借:银行存款　　　　　　　　　　　　　　　　　　　68 000
　　预收账款　　　　　　　　　　　　　　　　　　　400 000
　　贷:主营业务收入——B 产品　　　　　　　　　　　400 000
　　　　应交税费——应交增值税(销项税额)　　　　　68 000

### 二、主营业务成本的核算

企业销售产品后,从理论上讲,在确认产品销售收入的同时就应该确认产品销售成本。但在实际工作中,企业为了简化核算工作,通常在月份终了才汇总结转经计算确定的产品销售成本,即从"库存商品"账户结转到"主营业务成本"账户,以便与"主营业务收入"相配比。

#### (一)账户设置

"主营业务成本"账户是用来核算和监督企业确认销售商品、提供劳务等主营业务收入时应结转的成本账户。其借方登记从"库存商品"账户结转的本期已销售产品的成本,贷方登记期末转入"本年利润"账户借方的已销售产品的成本;期末经过结转之后该账户没有余额。该账户可按照主营业务的种类进行明细核算。

#### (二)核算举例

【例 4-29】2010 年 12 月 10 日,强盛公司结转本月已售产品成本。A 产品销售成本为 687 600(764 000÷1 000×900)元,B 产品销售成本为 387 400(596 000÷2 000×1 300)元。应编制的会计分录如下:

借:主营业务成本——A 产品　　　　　　　　　　　　687 600
　　　　　　　　——B 产品　　　　　　　　　　　　387 400
　　贷:库存商品——A 产品　　　　　　　　　　　　　687 600
　　　　　　　——B 产品　　　　　　　　　　　　　387 400

### 三、销售费用的核算

销售费用是企业为了销售产品而发生的各项费用,包括销售过程中发生的包装费、广告费,以及专设销售机构的职工薪酬、办公费和折旧费等。

【例4-30】2010年12月20日，强盛公司以银行存款110 000元支付广告费、展览费等销售费用。应编制的会计分录如下：

借：销售费用　　　　　　　　　　　　　　　　110 000
　　贷：银行存款　　　　　　　　　　　　　　　　　110 000

## 四、其他业务收支的核算

其他业务收入是指企业除主营业务活动以外的其他日常活动而取得的收入，如材料销售、技术转让、固定资产出租、无形资产出租、包装物出租、运输等非工业性劳务收入。

其他业务成本是指企业除主营业务活动以外的其他经营活动所发生的支出，如销售材料的成本、出租固定资产的折旧费、出租无形资产的摊销额、出租包装物的成本或摊销额等。

### （一）账户设置

**1．"其他业务收入"账户**

"其他业务收入"账户是损益类账户，用于核算企业除主营业务活动以外的其他经营活动实现的收入。其贷方登记企业确认的各项其他业务收入，期末应将本账户的余额通过借方全部转入"本年利润"账户，结转后本账户应无余额。该账户按收入的种类设置明细账，进行明细核算。

**2．"其他业务成本"账户**

"其他业务成本"账户是损益类账户，用于核算企业除主营业务活动以外的其他经营活动所发生的支出。其借方登记企业发生的各项其他业务成本，期末应将本账户的余额通过贷方全部转入"本年利润"账户，结转后本账户应无余额。该账户按成本的种类设置明细账，进行明细核算。

### （二）其他业务收支核算的账务处理

【例4-31】2010年12月10日，强盛公司销售一批原材料，价款为30 000元，增值税为5 100元，款项直接存入银行。应编制的会计分录如下：

借：银行存款　　　　　　　　　　　　　　　　35 100
　　贷：其他业务收入　　　　　　　　　　　　　　　30 000
　　　　应交税费——应交增值税（销项税额）　　　　5 100

【例4-32】2010年12月31日，强盛公司结转本月销售材料的成本20 000元。应编制的会计分录如下：

## 第四章 经营活动的核算

借：其他业务成本　　　　　　　　　　　　　　　　　20 000
　　贷：原材料　　　　　　　　　　　　　　　　　　　　　　20 000

【例4-33】2010年12月18日，强盛公司向某单位转让商标的使用权，获得收入100 000元，存入银行。应编制的会计分录如下：

借：银行存款　　　　　　　　　　　　　　　　　　　100 000
　　贷：其他业务收入　　　　　　　　　　　　　　　　　　　100 000

【例4-34】2010年12月5日，强盛公司因销售商品出租一批包装物，收到租金7 020元存入银行。应编制的会计分录如下：

借：银行存款　　　　　　　　　　　　　　　　　　　　7 020
　　贷：其他业务收入　　　　　　　　　　　　　　　　　　　　6 000
　　　　应交税费——应交增值税（销项税额）　　　　　　　　　1 020

【例4-35】2010年12月31日，强盛公司结转本月出租包装物的成本4 000元。应编制的会计分录如下：

借：其他业务成本　　　　　　　　　　　　　　　　　　4 000
　　贷：包装物　　　　　　　　　　　　　　　　　　　　　　　4 000

### 五、税金及附加的核算

企业销售产品或提供服务，应按规定计算应缴纳的消费税、城市维护建设税和教育费附加等。其中，消费税的计算一般是根据企业当月销售额乘以规定税率计算；城市维护建设税、教育费附加一般是根据企业当月增值税、消费税的合计分别按照7%和3%的适用税费率计算。税金及附加通常是按月计算，从当月的销售收入中得到补偿，于下月月初缴纳。

#### （一）账户设置

"税金及附加"账户是费用类账户，用来核算和监督企业经营活动发生的消费税、城市维护建设税、教育费附加、印花税、车船使用税、房产税、土地使用税等相关税费。其借方登记按照有关规定计算出的各种税金及附加额，贷方登记期末转入"本年利润"账户借方的税金及附加；经过结转之后，该账户期末没有余额。

#### （二）核算举例

【例4-36】2010年12月31日，公司计算本月销售A、B产品应缴纳的城市建设维护税为4 831.40元，教育费附加为2 070.60元。

# 会 计 学

本月应交增值税＝（119 000＋34 000＋42 500＋68 000＋5 100＋1 020）－（8 500＋51 000＋13 600＋85 000＋42 500）＝69 020（元）

本月应交城建税＝69 020×7%＝4 831.40（元）

本月应交教育费附加＝69 020×3%＝2 070.60（元）

应编制的会计分录如下：

借：税金及附加　　　　　　　　　　　　　　　　6 902
　　贷：应交税费——城建税　　　　　　　　　　4 831.40
　　　　　　　　——教育费附加　　　　　　　　2 070.60

## 案例思考

**资料**

新华公司新招聘了一名大学会计本科毕业生小王，安排在财务处负责成本核算工作。本月终了，小王通过查阅账簿资料掌握以下情况：新华公司的主营业务是生产和销售甲产品；本月甲产品月初在产品的余额为30 000元，本月生产甲产品发生的费用总额为320 000元，月末在产品的余额为40 000元；本月完工产品为70件。于是就对以下指标进行了计算：

本月完工的甲产品总成本＝320 000－40 000＝280 000（元）

本月完工的甲产品单位成本＝280 000÷70＝4 000（元）

成本管理科的老赵看到了这个计算结果，笑着对小王说："你的基本计算步骤是对的，但计算结果有误，你再好好考虑考虑，看错在什么地方。"

**思考题**

小王的计算结果为什么是错的？如果是你的话，你将怎样计算甲产品的完工成本？

# 第五章 对外投资的核算

**【本章学习目标】** 投资活动是企业一项重要的营业活动,也是收入的重要构成部分。通过本章学习,要求了解投资的概念和分类,理解长期股权投资的核算方法和适用范围;掌握交易性金融资产、长期股权投资的账务处理。

## 第一节 交易性金融资产的核算

### 一、投资概述

#### (一)投资的概念和特征

投资,是指为谋求生产经营以外的经济利益,将资产使用权让渡给其他单位而获得的另一项权益性资产。

投资具有以下特点:一是以让渡某类资产而换取另一项资产,如支付现金购买股票、债券,以非货币性资产投资其他单位取得股权等。这项资产与其他资产一样,能为企业带来未来的经济利益。二是投资带来的经济利益与使用其他资产带来的经济利益在形式上不同,投资所获得的经济利益是被投资单位的利润分配。

#### (二)投资的分类

按照投资的方向可将投资分为对内投资和对外投资。对内投资旨在加强投资主体自身的经营实力,属于直接投资;对外投资是投资人将资金投放于其他企业或购买金融资产。

按照投资的目的分类,可将投资分为交易性金融资产投资、持有至到期投资、可供出售金融资产和长期股权投资等。

按照投资的性质,可将投资分为权益性投资、债权性投资和混合性投资。权益性投资是为了获得另一企业的控制权,或对另一企业实施重大影响;债权性投资是为了获取高于银行的存款利息,保证按期收回本息;混合性投资是既有权益性投资性质，又有债权性投资性质的投资。

## 二、账户设置

交易性金融资产是指企业以短期利益为目的，为了近期内出售而持有的金融资产。如利用暂时闲置的资金购买股票和债券等有价证券，将其在市场上出售，以获取比银行存款利息更高的收益。为了核算交易性金融资产的取得、收取现金股利或利息、处置等业务，企业应当设置"交易性金融资产"、"公允价值变动损益"和"投资收益"等账户。

**1．"交易性金融资产"账户**

该账户属于资产类账户，核算企业为交易目的所持有的债券投资、股票投资和基金投资等交易性金融资产的增减变动及结存情况。其借方登记购入股票、债券、基金等交易性金融资产时的初始入账金额，资产负债表日其公允价值高于账面余额的差额等；贷方登记资产负债表日其公允价值低于账面余额的差额，以及企业出售交易性金融资产时结转的成本和公允价值变动损益。期末余额在借方，反映企业持有的交易性金融资产的公允价值。本科目可按其类别和品种，分别按"成本"、"公允价值变动"等进行明细核算。

**2．"公允价值变动损益"账户**

该账户属于损益类账户，核算企业交易性金融资产等公允价值变动形成的应记入当期损益的利得或损失。借方登记资产负债表日持有的交易性金融资产等公允价值低于其账面余额的差额，贷方登记交易性金融资产公允价值高于其账面余额的差额。

**3．"应收股利"账户**

该账户属于资产类账户，核算企业应收取的现金股利和应收取其他单位分配的利润。其借方登记企业本期应收取的现金股利或利润，贷方登记本期收回的现金股利或利润，期末余额在借方余额，反映企业尚未收回的现金股利或利润。

**4．"投资收益"账户**

该账户属于损益类账户，核算企业确认的投资收益或投资损失。其借方登记企业本期发生的投资损失，贷方登记企业本期取得的投资收益；期末，应将本账户余额转入"本年利润"账户，结转后应无余额。

## 三、取得交易性金融资产的账务处理

以公允价值购入的交易性金融资产，其入账成本就是该交易性金融资产的购

## 第五章 对外投资的核算

买价格,相关交易费用应当直接记入当期损益。交易费用包括印花税、手续费和佣金等。

企业取得交易性金融资产所支付的价款中若包含已经宣告但尚未发放的股利或已到付息期但尚未领取的利息,则不应记入交易性资产的入账价值,应当单独确认为应收项目,通过"应收股利"、"应收利息"账户核算。

【例5-1】强盛公司于2010年12月1日从证券市场购入东方公司股票50 000股,每股买价为7元(其中包括已宣告发放尚未领取的现金股利1元),另外支付印花税及佣金6 000元。该购入的股票作为交易性金融资产持有。应编制的会计分录如下:

借:交易性金融资产——成本　　　　　　　　　　　　300 000
　　应收股利　　　　　　　　　　　　　　　　　　　 50 000
　　投资收益　　　　　　　　　　　　　　　　　　　　6 000
　　贷:银行存款　　　　　　　　　　　　　　　　　　　　　356 000

【例5-2】强盛公司于2010年12月8日从证券市场购入光明公司股票5 000股,划分为交易性金融资产,每股买价为10元,另外支付印花税及佣金200元。应编制的会计分录如下:

借:交易性金融资产——成本　　　　　　　　　　　　 50 000
　　投资收益　　　　　　　　　　　　　　　　　　　　　 200
　　贷:银行存款　　　　　　　　　　　　　　　　　　　　　 50 200

【例5-3】强盛公司于2011年1月5日以515 000元的价格从证券市场购入中原公司2008年7月1日发行的3年期债券,债券面值为500 000元,票面利率为6%,每年的1月10日和7月10日付息,另支付相关税费1 000元,款项以银行存款支付。应编制的会计分录如下:

借:交易性金融资产——成本　　　　　　　　　　　　500 000
　　应收利息　　　　　　　　　　　　　　　　　　　 15 000
　　投资收益　　　　　　　　　　　　　　　　　　　　1 000
　　贷:银行存款　　　　　　　　　　　　　　　　　　　　　516 000

### 四、交易性金融资产持有期间的现金股利和利息

持有交易性金融资产期间,对于被投资单位宣告发放现金股利或在资产负债表日按分期付息、一次还本债券的票面利率计算的利息收入,应当确认为应收款项,记入"应收股利"或"应收利息",并记入投资收益。

【例5-4】承[例5-1],强盛公司于2010年3月20日收到东方公司发放

的股票股利50 000元。应编制的会计分录如下：

借：银行存款　　　　　　　　　　　　　　　　　　　50 000
　　贷：应收股利　　　　　　　　　　　　　　　　　　50 000

【例5-5】承［例5-2］，2011年2月5日，光明公司宣告发放股票股利1.5元/股。强盛公司应编制的会计分录如下：

借：应收股利　　　　　　　　　　　　　　　　　　　7 500
　　贷：投资收益　　　　　　　　　　　　　　　　　　7 500

### 五、交易性金融资产的期末计量

资产负债表日，企业应当按照各项交易性金融资产的公允价值对交易性金融资产的账面价值进行调整，公允价值与账面余额的差额记入当期损益，记入"公允价值变动损益"账户。

【例5-6】承［例5-2］，2010年12月31日，光明公司股票价格涨至每股13元，强盛公司应编制的会计分录如下：

借：交易性金融资产——公允价值变动　　　　　　　　15 000
　　贷：公允价值变动损益　　　　　　　　　　　　　　15 000

若2010年12月31日光明公司股票价格跌至每股8元，强盛公司应编制的会计分录如下：

借：公允价值变动损益　　　　　　　　　　　　　　　10 000
　　贷：交易性金融资产——公允价值变动　　　　　　　10 000

### 六、出售交易性金融资产的账务处理

企业出售交易性金融资产时，将出售时的该交易性金融资产的公允价值与初始入账金额之间的差额确认为投资收益，同时调整公允价值变动损益。

【例5-7】承［例5-2］，2011年3月15日，强盛公司将持有的光明公司股票全部出售，每股售价15元。应编制的会计分录如下：

借：银行存款　　　　　　　　　　　　　　　　　　　75 000
　　贷：交易性金融资产——成本　　　　　　　　　　　50 000
　　　　　　　　　　　　——公允价值变动　　　　　　15 000
　　　　投资收益　　　　　　　　　　　　　　　　　　10 000
借：公允价值变动损益　　　　　　　　　　　　　　　15 000
　　贷：投资收益　　　　　　　　　　　　　　　　　　15 000

# 第五章 对外投资的核算

## 第二节 长期股权投资的核算

### 一、长期股权投资概述

#### （一）长期股权投资的概念

长期股权投资是指投资企业对被投资单位实施控制、重大影响的权益性投资，以及对合营企业的权益性投资。

#### （二）长期股权投资的类型

长期股权投资依据对被投资单位产生的影响分为以下四种类型：

（1）控制，是指有权决定一个企业的财务和经营政策，并能据以从该企业的经营活动中获取利益。获得控制权的投资企业一般为母公司，被母公司控制的企业一般称为子公司。

（2）共同控制，是指按合同约定对某项经济活动所共有的控制。被投资单位一般称为投资企业的合营企业。

（3）重大影响，是指对一个企业的财务和经营政策有参与决策的权力，但并不决定这些政策。投资企业能够对被投资企业施加重大影响的，被投资企业一般称为投资企业的联营企业。

#### （三）长期股权投资的核算方法

长期股权投资的核算方法有两种：一是成本法；二是权益法。

**1. 成本法核算的长期股权投资的范围**

企业能够对被投资的单位实施控制的长期股权投资，即企业对子公司的长期股权投资，应当采用成本法核算。

**2. 权益法核算的长期股权投资的范围**

（1）企业对被投资单位具有共同控制的长期股权投资，即企业对其合营企业的长期股权投资。

（2）企业对被投资单位具有重大影响的长期股权投资，即企业对其联营企业的长期股权投资。

## （四）账户设置

"长期股权投资"账户是资产类账户，核算企业持有的采用成本法和权益法核算的长期股权投资。其借方登记长期股权投资取得的成本，以及采用权益法核算时按被投资企业实现的净利润等计算应分享的份额；贷方登记收回长期股权投资的价值，或采用权益法核算时被投资单位宣告分派现金股利或利润时企业按持股比例计算应享有的份额，以及按照被投资单位发生的净亏损等计算的应分担的份额；期末借方余额反映企业持有的长期股权投资的价值。

## 二、采用成本法核算长期股权投资的账务处理

### （一）长期股权投资初始成本的确定

除企业合并形成的长期股权投资以外，以现金支付取得的长期股权投资应当按照实际支付的购买价款作为初始投资成本。企业发生的与取得长期股权投资直接相关的费用、税金及其他必要支出，应记入长期股权投资的初始投资成本。此外，企业取得长期股权投资实际支付的价款或对价中包含的已宣告但尚未发放的现金股利或利润，作为应收项目处理，不构成长期股权投资的成本。

### （二）取得长期股权投资

取得长期股权投资应当按照初始投资成本计价。除企业合并形成的长期股权投资以外，以支付现金、非现金资产等其他方式取得的长期股权投资，应按照上述规定确定长期股权投资初始成本。

【例 5-8】强盛公司于 2010 年 3 月 25 日以银行存款购买飞翔股份有限公司的股票 200 000 股作为长期投资，从而拥有飞翔股份有限公司 5% 的股份。每股买入价为 11 元，每股价格中包含有 1 元的已宣告发放尚未发放的现金股利。另外，购买该股票时发生有关税费 10 000 元，款项已由银行存款支付。应编制的会计分录如下：

借：长期股权投资　　　　　　　　　　　　　2 010 000
　　应收股利　　　　　　　　　　　　　　　　200 000
　　贷：其他货币资金——存出投资款　　　　　　2 210 000

## 第五章　对外投资的核算

### （三）长期股权投资持有期间被投资单位宣告发放现金股利或利润

长期股权投资持有期间，被投资单位宣告发放现金股利或利润时，投资企业按照应该享有的部分确认为当期的投资收益。

取得长期股权投资时，如果实际支付的价款中包含已宣告发放尚未发放的现金股利或利润，应作为应收项目的收回，不能确认为投资收益。

【例5-9】承［例5-8］，2010年4月10日，强盛公司收到飞翔股份有限公司发放的现金股利20 000元。应编制的会计分录如下：

借：银行存款　　　　　　　　　　　　　　　　　　　　20 000
　　贷：应收股利　　　　　　　　　　　　　　　　　　　　　20 000

【例5-10】承［例5-8］，2011年3月5日，强盛公司收到飞翔股份有限公司宣告发放现金股利的通知，应分得现金股利100 000元。应编制的会计分录如下：

借：应收股利　　　　　　　　　　　　　　　　　　　　100 000
　　贷：投资收益　　　　　　　　　　　　　　　　　　　　　100 000

### 三、采用权益法核算长期股权投资的账务处理

#### （一）取得长期股权投资

取得长期股权投资时，长期股权投资的初始成本大于投资时应享有被投资单位可辨认净资产公允价值份额的，不调整已确认的初始投资成本；长期股权投资的初始成本小于投资时应享有被投资单位可辨认净资产公允价值份额的，按其差额，记入"营业外收入"账户。

【例5-11】2010年1月8日，强盛公司购买蓝天股份有限公司发行的股票5 000 000股准备长期持有，占蓝天股份有限公司股份总数的30%，每股买价为6元，投资时蓝天股份有限公司的可辨认净资产的公允价值是1亿元。

强盛公司初始投资成本等于应享有蓝天股份有限公司可辨认净资产的份额，应编制的会计分录如下：

借：长期股权投资　　　　　　　　　　　　　　　　　30 000 000
　　贷：银行存款　　　　　　　　　　　　　　　　　　　30 000 000

#### （二）持有长期股权投资期间被投资单位实现净利润或发生净亏损

当被投资单位实现净利润时，根据被投资单位实现的净利润和投资所占股份

的比例计算应享有的份额，增加长期股权投资的账面成本，同时确认当期投资收益；被投资单位发生净亏损时，也要按比例计算应分担的份额，减少长期股权投资的账面成本（但以减至零为限），同时确认当期投资损失。

被投资单位以后宣告发放现金股利或利润时，企业计算应分得的部分，记入应收股利项目的同时，冲减长期股权投资的账面成本。

【例5-12】2010年蓝天股份有限公司实现利润500 000元，强盛公司应享有的净收益份额=500 000×30%=150 000（元），应编制的会计分录如下：

借：长期股权投资　　　　　　　　　　　　　150 000
　　贷：投资收益　　　　　　　　　　　　　　　　　150 000

【例5-13】2011年蓝天股份有限公司宣告分派现金股利300 000元，强盛公司应分得的现金股利=300 000×30%=90 000（元），应编制的会计分录如下：

借：应收股利　　　　　　　　　　　　　　　90 000
　　贷：长期股权投资　　　　　　　　　　　　　　　90 000

## 案例思考

### 资料

2011年4月20日，新华公司以每股10.5元的价格从证券市场购入飞马公司发行的股票50 000股，其中含有已宣告发放但尚未发放的现金股利0.5元，另支付相关税费1 200元，不准备长期持有，全部款项以银行存款支付。会计人员小王确认"交易性金融资产"的入账价值为526 200（10.5×50 000+1 200）元。

2011年5月10日，收到飞马公司发放的现金股利25 000元。会计小王将其确认为投资收益。

2011年6月30日，该股票市场价格为12.5元，会计小王认为其中每股上涨的2元钱只是潜在的收益，根据谨慎性质量特征的要求，对可能发生的收益不预计，因此在当日对此项业务未做任何处理。

2011年8月8日，新华公司将飞马公司的股票全部出售，每股售价为16元，转让时支付相关税费1 500元。会计小王确认该笔股票出售收益为273 500（50 000×5.5-1 500）元。

### 思考题

新华公司的会计小王对于该笔"交易性金融资产"的相关会计处理是否正确？为什么？应该如何处理？

# 第六章 经营成果的形成与分配

【本章学习目标】利润是企业一定会计期间的经营成果,是考核企业受托责任的重要依据。通过本章的学习,要求学生掌握利润的构成及利润形成的会计处理;掌握利润分配的程序以及利润分配的会计处理。

## 第一节 利润构成及计算

### 一、利润的概念

利润是企业一定会计期间的经营成果。利润包括收入减去费用后的净额、直接记入当期利润的利得和损失等。利得是指企业非日常活动中形成的、会导致所有者权益增加的、与所有者权益投入无关的经济利益的流入。损失是指企业非日常活动中所发生的、会导致所有者权益减少的、与所有者分配利润无关的经济利益流出。

利润反映了企业经营活动方面的业绩,是衡量企业经营管理水平的一个重要综合指标。

### 二、利润的计算

我国在2006年《企业会计准则》中规定,企业采用多步骤式利润表。在多步骤式利润表中,利润包括营业利润、利润总额和净利润。

#### (一)营业利润

营业利润是指企业在销售商品、提供劳务及让渡资产使用权等日常活动中所形成的收入减去相关费用后的净额。营业利润的计算方法如下:

营业利润 = 营业收入 - 营业成本 - 税金及附加
　　　　 - 销售费用 - 管理费用 - 财务费用 - 资产减值损失

+公允价值变动收益（-公允价值变动损失）
+投资收益（-投资损失）

其中：营业收入是企业经营业务所实现的收入总额：

营业收入＝主营业务收入＋其他业务收入

营业成本是指企业经营业务所发生的实际成本总额：

营业成本＝主营业务成本＋其他业务成本

资产减值损失是指企业计提各项资产减值准备所形成的损失；公允价值变动收益（或损失）是指企业交易性金融资产等公允价值变动形成的应记入当期损益的利得（或损失）；投资收益（或损失）是指企业以各种方式对外投资所取得的收益（或发生的损失）。

### （二）利润总额

利润总额又称税前利润，其计算公式如下：

利润总额＝营业利润＋营业外收入－营业外支出

其中：营业外收入是指企业发生的与其日常活动无直接关系的各项利得；营业外支出是指企业发生的与其日常活动无直接关系的各项损失。

### （三）净利润

净利润又称税后利润，是企业的最终财务成果，其计算公式如下：

净利润＝利润总额－所得税费用

其中：所得税费用是指企业确认的应从当期利润总额中扣除的所得税费用。

## 第二节 营业外收支的核算

### 一、营业外收入

营业外收入是指企业确认的与其日常活动无直接关系的各项利得。营业外收入并不是企业经营资金耗费所产生的，实际是经济利益的净流入，不需要与有关的费用进行配比。营业务外收入主要包括非流动资产处置利得、非货币性资产交换利得、债务重组利得、政府补助、盘盈利得和捐赠利得等。

# 第六章 经营成果的形成与分配

"营业外收入"账户是损益类账户,核算企业发生的各项营业外收入。其贷方登记企业确认的营业外收入;期末,应将本账户的余额转入"本年利润"账户,结转后账户无余额。本账户应按收入项目设置明细账,进行明细核算。

**【例6-1】** 强盛公司2012年12月5日取得罚款收入10 000元存入银行。应编制的会计分录如下:

借:银行存款　　　　　　　　　　　　　　　10 000
　　贷:营业外收入　　　　　　　　　　　　　　　10 000

**【例6-2】** 强盛公司2012年12月5日收到财政补助资金150 000元。应编制的会计分录如下:

借:银行存款　　　　　　　　　　　　　　　150 000
　　贷:营业外收入　　　　　　　　　　　　　　　150 000

**【例6-3】** 强盛公司2012年12月12日在现金清查中盘盈300元,按管理权限报经批准后转入营业外收入。发现盘盈时,应编制的会计分录如下:

借:库存现金　　　　　　　　　　　　　　　300
　　贷:待处理财产损溢　　　　　　　　　　　　　300

经批准转入营业外收入,应编制的会计分录如下:

借:待处理财产损溢　　　　　　　　　　　　300
　　贷:营业外收入　　　　　　　　　　　　　　　300

## 二、营业外支出

营业外支出是指企业发生的与其日常活动无直接关系的各项损失,主要包括非流动资产处置损失、非货币性资产交换损失、债务重组损失、公益性捐赠支出、非常损失、盘亏损失和罚没支出等。

**【例6-4】** 强盛公司2012年12月以银行存款30 000元向灾区捐款,应编制的会计分录如下:

借:营业外支出　　　　　　　　　　　　　　30 000
　　贷:银行存款　　　　　　　　　　　　　　　　30 000

**【例6-5】** 强盛公司2012年12月用银行存款支付税款滞纳金20 000元,应编制的会计分录如下:

借:营业外支出　　　　　　　　　　　　　　20 000
　　贷:银行存款　　　　　　　　　　　　　　　　20 000

**【例6-6】** 强盛公司2012年12月发生原材料意外灾害损失10 000元,经批准全部转入营业外支出。发生原材料意外灾害时应编制的会计分录如下:

借：待处理财产损溢　　　　　　　　　　　　　　　　　10 000
　　贷：原材料　　　　　　　　　　　　　　　　　　　　　10 000
经批准转入营业外支出，应编制的会计分录如下：
借：营业外支出　　　　　　　　　　　　　　　　　　　10 000
　　贷：待处理财产损溢　　　　　　　　　　　　　　　　　10 000

## 第三节　净利润形成的核算

### 一、结转本年利润的方法

会计期末结转本年利润的方法有表结法和账结法两种。

#### （一）表结法

表结法即用"利润表"结转期末损益类项目、计算体现期末财务成果的方法。各损益类科目每月月末结计出本月发生额和月末累计余额，但不结转到"本年利润"科目，只有在年末结转时才使用"本年利润"科目。但每月月末要将损益类科目的本月发生额合计数填入利润表的本月栏，同时将本月末累计余额填入利润表的本年累计栏，通过利润表计算反映各期的利润（或亏损）。表结法下，年中损益类科目无需结转入"本年利润"科目，从而减少了转账环节和工作量，同时并不影响利润表的编制及有关损益指标的利用。

#### （二）账结法

账结法下，各损益类科目每月月末结计出本月余额，并将余额结转入"本年利润"科目，结转后"本年利润"科目的本月余额反映当月实现的利润或发生的亏损；"本年利润"科目的本年余额反映本年累计实现的利润或发生的亏损。

账结法下，各月均通过"本年利润"科目提供当月及本年累计的利润（或亏损）额，但增加了转账环节和工作量。

### 二、结转本年利润的会计处理

#### （一）账户设置

"本年利润"账户是所有者权益类账户，核算企业实现的净利润（或发生的

# 第六章 经营成果的形成与分配

净亏损)。其贷方登记各类收入的转入数;借方登记各类费用的转入数;年度终了,应将本年收入和费用相抵后结出的本年实现的净利润(或净亏损)转入"利润分配"账户,结转后本账户应无余额。

## (二) 利润总额形成核算

利润总额的形成核算就是将损益类账户中的收入性质账户的余额全部转入"本年利润"账户的贷方,将损益类账户中费用性质账户的余额全部转入"本年利润"账户的借方,从而确定利润总额。

【例 6-7】2010 年 12 月 31 日,强盛公司将本月实现的各项收入转入"本年利润"账户。应编制的会计分录如下:

| | |
|---|---:|
| 借:主营业务收入 | 1 550 000 |
| 　其他业务收入 | 136 000 |
| 　投资收益 | 143 800 |
| 　营业外收入 | 160 300 |
| 　公允价值变动损益 | 15 000 |
| 　贷:本年利润 | 2 005 100 |

【例 6-8】强盛公司 2010 年 12 月 31 日将本期实现的各项费用转入"本年利润"账户。应编制的会计分录如下:

| | |
|---|---:|
| 借:本年利润 | 1 522 002 |
| 　贷:主营业务成本 | 1 075 000 |
| 　　税金及附加 | 6 902 |
| 　　其他业务成本 | 24 000 |
| 　　管理费用 | 163 600 |
| 　　财务费用 | 500 |
| 　　销售费用 | 192 000 |
| 　　营业外支出 | 60 000 |

## (三) 净利润形成的核算

**1. 所得税费用的计算**

所得税是企业生产经营盈利后应该承担的义务。按照税法规定,企业获得利润后应先向国家缴纳所得税。所得税的计算公式如下:

应交所得税 = 应纳税所得额 × 所得税税率

应纳税所得额 = 利润总额 + 纳税调整增加额 - 纳税调整减少额

纳税调整增加额主要包括税法规定允许扣除的项目中，企业已记入当期费用但超过税法规定扣除标准的金额（如超过税法规定标准的职工福利费、工会经费、职工教育经费、业务招待费、公益性捐赠支出等），以及企业已记入当期损失但税法规定不允许扣除项目的金额（如税收滞纳金、罚金、罚款）。

纳税调整减少额主要包括按税法规定允许弥补的亏损和准予免税的项目，如国债利息收入等。

**2. 所得税的账务处理**

"所得税费用"账户是损益类账户，核算企业确认的应从当期利润总额中扣除的所得税费用。其借方登记期末按税法规定计算确定的当期应交所得税，贷方登记期末结转至"本年利润"账户数，结转后本账户无余额。

【例6-9】强盛公司2010年12月实现利润总额为483 098元，按照25%的税率计算本期所得税费用（假设没有纳税项目调整）。应编制的会计分录如下：

  借：所得税费用          120 774.50
    贷：应交税费——应交所得税    120 774.50
  借：本年利润           120 774.50
    贷：所得税费用         120 774.50

当期：

  净利润 = 483 098 - 120 774.50 = 362 323.50（元）

## 第四节 利润分配的核算

### 一、利润分配的顺序

企业应根据国家有关规定和投资者的决议对企业当年可供分配的利润进行分配。一般而言，企业本年实现的净利润加上年初未分配利润（或减去年初未弥补亏损）为可供分配的利润。

可供分配的利润按以下顺序分配：

（1）提取法定盈余公积：公司制企业按照净利润的10%提取；其他企业可以根据需要确定提取比例，但不得低于10%。企业提取的法定盈余公积累计为注册资本50%以上的，可以不再提取。

（2）提取任意盈余公积金：提取法定盈余公积金后，还可以根据股东会或股东大会决议，从净利润中提取任意盈余公积金。

（3）向投资者分配利润：按协议或章程或股东大会决议分配。

第六章 经营成果的形成与分配

## 二、利润分配的核算

**1."利润分配"账户**

"利润分配"账户是所有者权益类账户,核算企业利润的分配(或亏损的弥补)和历年分配(或弥补)后的未分配利润(或未弥补的亏损)。年度终了,企业应将本年实现的净利润(或净亏损)自"本年利润"账户转入本账户。其借方登记当年净利润的分配,贷方登记盈余公积弥补的亏损。本账户应分别"盈余公积补亏"、"提取法定盈余公积"、"提取任意盈余公积"、"应付现金股利"和"未分配利润"等进行明细核算。年度终了,将本账户所属其他明细账户的余额转入"未分配利润"账户,结转后,除"未分配利润"账户外,其他明细账户应无余额。本账户年末如为贷方余额,表示累积未分配的利润数额;如为借方余额,则表示累积未弥补的亏损数额。

**2."盈余公积"账户**

"盈余公积"账户是所有者权益类账户,核算企业从净利润中提取的盈余公积以及使用情况。其贷方登记按规定提取的盈余公积,借方登记盈余公积的使用,如弥补亏损数、转增资本等。期末余额在贷方,反映盈余公积的累积数。本账户按"法定盈余公积"和"任意盈余公积"设置明细账,进行明细核算。

**3."应付股利"账户**

"应付股利"账户是负债类账户,核算企业分配的现金股利或利润。其贷方登记根据股东大会和类似机构的审议批准的利润分配方案应支付的现金股利或利润,借方登记实际支付的现金股利或利润;本账户期末余额在贷方,反映企业应付未付的现金股利或利润。本账户可按投资者设置明细账,进行明细核算。

【例 6-10】2012 年 12 月 31 日,强盛公司"本年利润"账户贷方累计发生额为 3 900 000 元,转入"利润分配"账户。应编制的会计分录如下:

借:本年利润　　　　　　　　　　　　　　　　　　3 900 000
　　贷:利润分配——未分配利润　　　　　　　　　　　　3 900 000

【例 6-11】强盛公司 2012 年 12 月 31 日经股东大会批准,按净利润的 10% 提取法定盈余公积金。应编制的会计分录如下:

借:利润分配——提取法定盈余公积　　　　　　　　　390 000
　　贷:盈余公积——法定盈余公积　　　　　　　　　　　390 000

【例 6-12】2012 年 12 月 31 日,强盛公司按照股东大会决议,分配给股东现金股利 1 500 000 元。应编制的会计分录如下:

借：利润分配——应付现金股利　　　　　　　　　　　　1 500 000
　　　贷：应付股利　　　　　　　　　　　　　　　　　　　1 500 000

【例6-13】2012年12月31日，强盛公司结转"利润分配"各明细账户。应编制的会计分录如下：

借：利润分配——未分配利润　　　　　　　　　　　　　1 890 000
　　　贷：利润分配——提取法定盈余公积　　　　　　　　　　390 000
　　　　　利润分配——应付现金股利　　　　　　　　　　1 500 000

## 案例思考

**资料**

新华公司某月末各损益类账户当月累计发生额为：

主营业务收入80 000元（贷方）　　营业外收入30 000元（贷方）
主营业务成本50 000元（借方）　　营业外支出25 000元（借方）
销售费用3 000元（借方）　　　　　税金及附加4 000元（借方）
管理费用6 000元（借方）　　　　　其他业务收入10 000元（贷方）
其他业务成本5 000元（借方）　　　投资收益4 000元（借方）
财务费用1 000元（借方）　　　　　公允价值变动损益60 000（贷方）

无纳税调整事项，所得税率为25%。

小王刚刚参加工作不久，对利润的计算方法虽然在学校学过，但也忘得差不多了。他根据上述的资料对有关利润指标进行了如下计算：

营业利润 = 80 000 - 50 000 + 10 000 - 5 000 = 35 000（元）

利润总额 = 35 000 + 30 000 - 25 000 - 3 000 - 4 000 - 6 000 + 4 000 - 1000 + 60 000 = 90 000（元）

净利润 = 90 000 × (1 - 25%) = 67 500（元）

**思考题**

1. 小王的计算过程存在哪些问题？你能帮他找出来吗？
2. 如果让你计算该公司的净利润，你会怎么做？
3. 试说明前1个步骤的计算错误为什么不影响利润总额和净利润的计算？

# 第七章 财务报表列报

**【本章学习目标】** 根据企业日常会计核算资料,对经济活动定期进行总括反映即编制财务报表的方法。通过学习本章,重点掌握资产负债表和利润表的结构原理与编制的基本方法。

财务会计报告是指企业对外提供的反映企业某一特定日期的财务状况和某一会计期间的经营成果、现金流量等会计信息的文件。编制财务报告的目标是向财务报表使用者提供与企业财务状况、经营成果和现金流量等有关的会计信息,反映企业管理层受托责任履行情况,有助于财务报告使用者做出经济决策。

财务会计报告包括财务报表和其他应当在财务会计报告中披露的相关信息和资料。财务报表是对企业财务状况、经营成果和现金流量的结构性表述。财务报表至少应当包括下列组成部分:资产负债表、利润表、现金流量表、所有者权益(或股东权益,下同)变动表和附注。

编制财务会计报告应当真实可靠、相关可比、全面完整、编报及时、便于理解,符合国家统一的会计制度和会计准则的有关规定。

## 第一节 资产负债表的编制

### 一、资产负债表的概念和意义

资产负债表是指反映企业在某一特定日期的财务状况的会计报表。它是根据"资产=负债+所有者权益"这一会计等式,依照一定的分类标准和顺序,将企业在一定日期的全部资产、负债和所有者权益项目进行适当分类、汇总、排列后编制而成的。通过编制资产负债表,可以反映企业资产的构成及其状况,分析企业在某一日期所拥有的经济资源及其分布情况;可以反映企业某一日期的负债总额及其结构,分析企业目前与未来需要支付的债务数额;可以反映企业所有者权益的情况,了解企业现有的投资者在企业资产总额中所占的份额。通过资产负债表，可以帮助报表使用者全面了解企业的财务状况，分析企业的债务偿还能力，从而为未来的经济决策提供参考信息。

## 二、资产负债表的结构和内容

资产负债表的格式主要有账户式和报告式两种。根据《企业会计准则》的规定，我国企业的资产负债表采用账户式结构。通过账户式资产负债表，可以反映资产、负债、所有者权益之间的内在关系，即"资产＝负债＋所有者权益"。

账户式资产负债表分左右两方，左方为资产项目，按资产的流动性大小排列；右方为负债和所有者权益项目，一般按求偿权先后顺序排列。资产负债表的项目有以下几个方面：

（1）资产类项目。资产类项目按资产的流动性大小或按资产的变现能力强弱分为流动资产和非流动资产两类，并分项列示。流动资产项目包括货币资金、应收票据、应收账款、预付账款、其他应收款和存货等；非流动资产项目包括固定资产、无形资产和长期股权投资等。

（2）负债类项目。负债类项目按其承担经济义务期限的长短，分为流动负债和非流动负债两类。流动负债项目包括短期借款、应付票据、应付账款、预收账款、应付职工薪酬、应交税费和应付股利等；非流动负债主要包括长期借款、应付债券和长期预付款等。

（3）所有者权益类项目。所有者权益按其来源分为实收资本、资本公积、盈余公积和未分配利润等项目。

我国的资产负债表又称比较资产负债表，采用前后期对比方式编列，表中各项目不仅列出了期末数，还列示了年初数，利用期末数与年初数的比较，可以了解企业财务状况的变动情况以及企业的经营发展趋势。

## 三、资产负债表的编制方法

资产负债表的各项目均需填列"年初数"和"期末数"两栏。其中："年初数"栏内各项数字应根据上年末资产负债表的"期末数"栏内所列数字填列。如果本年度资产负债表规定的各项目的名称和内容与上年不一致，则应对上年年末资产负债表各项目的名称和数字按照本年度的规定进行调整，填入本表"年初数"栏内。

"期末数"可为月末、季末或年末的数字，由于报表项目与会计科目并不完全一致，"期末数"各项目的填列方法如下：

# 第七章 财务报表列报

## （一）填列方法

**1. 直接根据总分类账户余额填列**

资产负债表中的大多数报表项目可根据有关总账余额直接填列，如"交易性金融资产"、"短期借款"、"应付票据"、"应付职工薪酬"和"实收资本"等项目。

**2. 根据若干个总分类账户余额分析计算填列**

资产负债表中有些项目需根据几个总分类账户余额计算填列。例如，"货币资金"项目，需根据"库存现金"、"银行存款"、"其他货币资金"三个总账科目期末余额合计填列。"存货"项目，应根据"材料采购"、"原材料"、"生产成本"和"库存商品"等账户的期末借方余额之和填列。"未分配利润"项目，1～11月，应根据"本年利润"账户的余额和"利润分配"账户的余额计算填列，"本年利润"账户为贷方余额，"利润分配"账户为借方余额，则以二者的差额填入，贷方余额大于借方余额，填正数，反之填负数；年末，则根据"利润分配"账户的年末贷方余额直接填列本项目，如为借方余额，则填负数。

**3. 根据有关明细分类账户余额分析计算填列**

资产负债表中有些项目需要根据明细分类账户余额来分析计算填列。例如，"应收账款"项目，应根据"应收账款"和"预收账款"两个总账账户所属明细账户的期末借方余额之和填列；"预付账款"项目，应根据"应付账款"和"预付账款"两个总账账户所属明细账户的期末借方余额之和填列；"应付账款"项目，需要分别根据"应付账款"和"预付账款"两个总账账户所属明细账户的期末贷方余额之和填列；"预收账款"项目，应根据"应收账款"和"预收账款"两个总账账户所属的明细账户的贷方余额之和填列。

**4. 根据总账和明细账的余额分析计算填列**

资产负债表中的"长期借款"项目，根据"长期借款"总账账户余额扣除"长期借款"总账账户所属明细账户中将在一年内到期的长期借款部分分析计算填列。

**5. 根据总账账户与其备抵账户抵销后的净额填列**

资产负债表中的"应收账款"、"长期股权投资"等项目，应根据"应收账款"、"长期股权投资"等科目的期末余额减去"坏账准备"、"长期股权投资减值准备"等科目余额后的净额填列；"固定资产"项目，应根据"固定资产"科目期末余额减去"累计折旧"、"固定资产减值准备"科目余额后的净额填列；"无形资产"项目，应根据"无形资产"科目期末余额减去"累计摊销"、"无形资产减值准备"科目余额后的净额填列。

### (二) 具体项目的填列

资产负债表中资产、负债和所有者权益主要项目的填列说明如下：

**1. 资产项目的填列说明**

（1）"货币资金"项目，反映企业库存现金、银行结算户存款、外埠存款、银行汇票存款、银行本票存款、信用卡存款、信用证保证金存款等的合计数。本项目应根据"库存现金"、"银行存款"、"其他货币资金"科目期末余额的合计数填列。

（2）"交易性金融资产"项目，反映企业持有的以公允价值计量且其变动记入当期损益的为交易目的所持有的债券投资、股票投资、基金投资和权证投资等金融资产。本项目应当根据"交易性金融资产"科目的期末余额填列。

（3）"应收票据"项目，反映企业因销售商品、提供劳务等而收到的商业汇票，包括银行承兑汇票和商业承兑汇票。本项目应根据"应收票据"科目的期末余额减去"坏账准备"科目中有关应收票据计提的坏账准备期末余额后的金额填列。

（4）"应收账款"项目，反映企业因销售商品、提供劳务等经营活动应收取的款项。本项目应根据"应收账款"和"预收账款"科目所属各明细科目的期末借方余额合计减去"坏账准备"科目中有关应收账款计提的坏账准备期末余额后的金额填列。如"应收账款"科目所属明细科目期末有贷方余额的，应在本表"预收款项"项目内填列。

（5）"预付款项"项目，反映企业按照购货合同规定预付给供应单位的款项等。本项目应根据"预付账款"和"应付账款"科目所属各明细科目的期末借方余额合计数减去"坏账准备"科目中有关预付款项计提的坏账准备期末余额后的金额填列。如"预付账款"科目所属各明细科目期末有贷方余额的，应在资产负债表"应付账款"项目内填列。

（6）"应收利息"项目，反映企业应收取的债券投资等的利息。本项目应根据"应收利息"科目的期末余额减去"坏账准备"科目中有关应收利息计提的坏账准备期末余额后的金额填列。

（7）"应收股利"项目，反映企业应收取的现金股利和应收取其他单位分配的利润。本项目应根据"应收股利"科目的期末余额减去"坏账准备"科目中有关应收股利计提的坏账准备期末余额后的金额填列。

（8）"其他应收款"项目，反映企业除应收票据、应收账款、预付款项、应收股利、应收利息等经营活动以外的其他各种应收、暂付的款项。本项目应根据

# 第七章 财务报表列报

"其他应收款"科目的期末余额减去"坏账准备"科目中有关其他应收款计提的坏账准备期末余额后的金额填列。

（9）"存货"项目，反映企业期末在库、在途和在加工中的各种存货的可变现净值。本项目应根据"材料采购"、"原材料"、"低值易耗品"、"库存商品"、"周转材料"、"委托加工物资"、"委托代销商品"、"生产成本"和"受托代销商品"等科目的期末余额合计，减去"受托代销商品款"和"存货跌价准备"科目期末余额后的金额填列。材料采用计划成本核算以及库存商品采用计划成本核算或售价核算的企业，还应按加或减材料成本差异、商品进销差价后的金额填列。

（10）"一年内到期的非流动资产"项目，反映企业将于一年内到期的非流动资产项目金额。本项目应根据有关科目的期末余额填列。

（11）"长期股权投资"项目，反映企业持有的对子公司、联营企业和合营企业的长期股权投资。本项目应根据"长期股权投资"科目的期末余额减去"长期股权投资减值准备"科目的期末余额后的金额填列。

（12）"固定资产"项目，反映企业各种固定资产原价减去累计折旧和累计减值准备后的净额。本项目应根据"固定资产"科目的期末余额减去"累计折旧"和"固定资产减值准备"科目期末余额后的金额填列。

（13）"在建工程"项目，反映企业期末各项未完工程的实际支出，包括交付安装的设备价值、未完建筑安装工程已经耗用的材料、工资和费用支出以及预付出包工程的价款等的可收回金额。本项目应根据"在建工程"科目的期末余额减去"在建工程减值准备"科目期末余额后的金额填列。

（14）"工程物资"项目，反映企业尚未使用的各项工程物资的实际成本。本项目应根据"工程物资"科目的期末余额填列。

（15）"固定资产清理"项目，反映企业因出售、毁损和报废等原因转入清理但尚未清理完毕的固定资产的净值，以及固定资产清理过程中所发生的清理费用和变价收入等各项金额的差额。本项目应根据"固定资产清理"科目的期末借方余额填列，如"固定资产清理"科目期末为贷方余额，以"-"号填列。

（16）"无形资产"项目，反映企业持有的无形资产，包括专利权、非专利技术、商标权、著作权和土地使用权等。本项目应根据"无形资产"的期末余额减去"累计摊销"和"无形资产减值准备"科目期末余额后的金额填列。

（17）"开发支出"项目，反映企业开发无形资产过程中能够资本化形成无形资产成本的支出部分。本项目应根据"研发支出"科目中所属的"资本化支出"明细科目期末余额填列。

（18）"长期待摊费用"项目，反映企业已经发生但应由本期和以后各期负担的分摊期限在1年以上的各项费用。长期待摊费用中在1年内（含1年）摊销的部分，在资产负债表"一年内到期的非流动资产"项目填列。本项目应根据"长期待摊费用"科目的期末余额减去将于1年内（含1年）摊销的数额后的金额填列。

（19）"其他非流动资产"项目，反映企业除长期股权投资、固定资产、在建工程、工程物资和无形资产等以外的其他非流动资产。本项目应根据有关科目的期末余额填列。

**2. 负债项目的填列说明**

（1）"短期借款"项目，反映企业向银行或其他金融机构等借入的期限在1年以下（含1年）的各种借款。本项目应根据"短期借款"科目的期末余额填列。

（2）"应付票据"项目，反映企业购买材料、商品和接受劳务供应等而开出或承兑的商业汇票，包括银行承兑汇票和商业承兑汇票。本项目应根据"应付票据"科目的期末余额填列。

（3）"应付账款"项目，反映企业因购买材料、商品和接受劳务供应等经营活动应支付的款项。本项目应根据"应付账款"和"预付账款"科目所属各明细科目的期末贷方余额合计数填列。如"应付账款"科目所属明细科目期末有借方余额，应在资产负债表"预付款项"项目内填列。

（4）"预收款项"项目，反映企业按照销货合同规定预收客户的款项。本项目应根据"预收账款"和"应收账款"科目所属各明细科目的期末贷方余额合计数填列。如"预收账款"科目所属各明细科目期末有借方余额，应在资产负债表"应收账款"项目内填列。

（5）"应付职工薪酬"项目，反映企业根据有关规定应付给职工的工资、职工福利、社会保险费、住房公积金、工会经费、职工教育经费、非货币性福利和辞退福利等各种薪酬。外商投资企业按规定从净利润中提取的职工奖励及福利基金，也在本项目列示。

（6）"应交税费"项目，反映企业按照税法规定计算应缴纳的各种税费，包括增值税、消费税、营业税、所得税、资源税、土地增值税、城市维护建设税、房产税、土地使用税、车船税、教育费附加和矿产资源补偿费等。企业代扣代缴的个人所得税，也通过本项目列示。企业所缴纳的税金不需要预计应缴数的，如印花税、耕地占用税等，不在本项目列示。本项目应根据"应交税费"科目的期末贷方余额填列；如"应交税费"科目期末为借方余额，应以

## 第七章 财务报表列报

"-"号填列。

（7）"应付利息"项目，反映企业按照规定应当支付的利息，包括分期付息到期还本的长期借款应支付的利息和企业发行的企业债券应支付的利息等。本项目应当根据"应付利息"科目的期末余额填列。

（8）"应付股利"项目，反映企业分配的现金股利或利润；企业分配的股票股利，不通过本项目列示。本项目应根据"应付股利"科目的期末余额填列。

（9）"其他应付款"项目，反映企业除应付票据、应付账款、预收款项、应付职工薪酬、应付股利、应付利息和应交税费等经营活动以外的其他各项应付、暂收的款项。本项目应根据"其他应付款"科目的期末余额填列。

（10）"一年内到期的非流动负债"项目，反映企业非流动负债中将于资产负债表日后一年内到期部分的金额，如将于一年内偿还的长期借款。本项目应根据有关科目的期末余额填列。

（11）"长期借款"项目，反映企业向银行或其他金融机构借入的期限在1年以上（不含1年）的各项借款。本项目应根据"长期借款"科目的期末余额填列。

（12）"应付债券"项目，反映企业为筹集长期资金而发行的债券本金和利息。本项目应根据"应付债券"科目的期末余额填列。

（13）"其他非流动负债"项目，反映企业除长期借款、应付债券等项目以外的其他非流动负债。本项目应根据有关科目的期末余额填列，即应根据有关科目期末余额减去将于1年内（含1年）到期偿还数后的余额填列。非流动负债各项目中将于1年内（含1年）到期的非流动负债，应在"一年内到期的非流动负债"项目内单独反映。

**3. 所有者权益项目的填列说明**

（1）"实收资本（或股本）"项目，反映企业各投资者实际投入的资本（或股本）总额。本项目应根据"实收资本（或股本）"科目的期末余额填列。

（2）"资本公积"项目，反映企业资本公积的期末余额。本项目应根据"资本公积"科目的期末余额填列。

（3）"盈余公积"项目，反映企业盈余公积的期末余额。本项目应根据"盈余公积"科目的期末余额填列。

（4）"未分配利润"项目，反映企业尚未分配的利润。本项目应根据"本年利润"科目和"利润分配"科目的余额计算填列。未弥补的亏损在本项目内以"-"号填列。

## 会　计　学

### 四、资产负债表的编制实例

光明公司 2011 年 12 月 31 日全部总分类账户和所属明细分类账户余额如表 7-1 所示。

表 7-1　总分类账户和所属明细分类账户余额　　　　单位：元

| 总分类账户 | 明细分类账户 | 借方余额 | 贷方余额 | 总分类账户 | 明细分类账户 | 借方余额 | 贷方余额 |
|---|---|---|---|---|---|---|---|
| 库存现金 | | 4 000 | | 短期借款 | | | 240 000 |
| 银行存款 | | 68 000 | | 应付账款 | | | 40 000 |
| 交易性金融资产 | | 56 000 | | | ——A 工厂 | | 28 000 |
| 应收账款 | | 92 000 | | | ——B 工厂 | 20 000 | |
| | ——甲公司 | 40 000 | | | ——C 工厂 | | 32 000 |
| | ——乙公司 | | 8 000 | 预收账款 | | | 4 000 |
| | ——丙公司 | 60 000 | | | ——A 单位 | | 16 000 |
| 预付账款 | | 18 800 | | | ——B 单位 | 12 000 | |
| | ——甲单位 | 20 000 | | 其他应付款 | | | 36 000 |
| | ——乙单位 | | 1 200 | 应付职工薪酬 | | | 138 800 |
| 其他应收款 | | 4 000 | | 应交税费 | | | 240 000 |
| 原材料 | | 108 000 | | 应付股利 | | | 92 000 |
| 生产成本 | | 32 000 | | 长期借款 | | | 120 000 |
| 库存商品 | | 80 000 | | 其中一年内到期 | | | 40 000 |
| 持有至到期投资 | | 800 000 | | 实收资本 | | | 1 120 000 |
| 固定资产 | | 1 600 000 | | 盈余公积 | | | 88 320 |
| 累计折旧 | | | 240 000 | 利润分配 | ——未分配利润 | | 639 680 |
| 无形资产 | | 120 000 | | | | | |
| 长期待摊费用 | | 16 000 | | | | | |

根据表 7-1 所给资料编制光明公司 2011 年 12 月的资产负债表，格式如表 7-2 所示。表 7-2 资产负债表的 "年初数" 栏中的数字是根据该公司上年度资产负债表中的 "期末数" 栏的数字直接填列。

## 第七章 财务报表列报

表7-2　　　　　　　　　　　　　　资产负债表

编制单位：光明公司　　　　　　　2011年12月31日　　　　　　　　　　　　　　单位：元

| 资产 | 行次 | 期末数 | 年初数 | 负债和所有者权益 | 行次 | 期末数 | 年初数 |
|---|---|---|---|---|---|---|---|
| 流动资产： | | | | 流动负债： | | | |
| 　货币资金 | | 72 000 | 408 000 | 　短期借款 | | 240 000 | 248 000 |
| 　以公允价值计量且其变动计入当期损益的金融资产 | | 56 000 | 40 000 | 　应付账款 | | 61 200 | 120 000 |
| 　应收账款 | | 112 000 | 80 000 | 　预收账款 | | 24 000 | 96 000 |
| 　其他应收款 | | 4 000 | 12 000 | 　其他应付款 | | 36 000 | 67 200 |
| 　预付账款 | | 40 000 | 20 000 | 　应付职工薪酬 | | 1 38 800 | 124 000 |
| 　存货 | | 220 000 | 256 000 | 　应交税费 | | 240 000 | 200 000 |
| 　流动资产合计 | | 504 000 | 816 000 | 　应付股利 | | 92 000 | 140 000 |
| 非流动资产： | | | | 　一年内到期的非流动负债 | | 40 000 | |
| 　持有至到期投资 | | 800 000 | 160 000 | 　流动负债合计 | | 872 000 | 995 200 |
| 　固定资产 | | 1 360 000 | 1 036 000 | 非流动负债： | | | |
| 　无形资产 | | 120 000 | 380 000 | 　长期借款 | | 80 000 | 160 000 |
| 　长期待摊费用 | | 16 000 | 88 000 | 　非流动负债合计 | | 80 000 | 160 000 |
| 　非流动资产合计 | | 2 296 000 | 1 664 000 | 　负债合计 | | 952 000 | 1 155 200 |
| | | | | 所有者权益（或股东权益）： | | | |
| | | | | 　实收资本 | | 1 120 000 | 1040 000 |
| | | | | 　盈余公积 | | 88 320 | 104 000 |
| | | | | 　未分配利润 | | 639 680 | 180 800 |
| | | | | 　所有者权益合计 | | 1 148 000 | 1 324 800 |
| 资产总计 | | 2 800 000 | 2 480 000 | 负债和所有者权益总计 | | 2 800 000 | 2 480 000 |

# 第二节　利润表

## 一、利润表的概念和意义

利润表是指反映企业在一定会计期间的经营成果的会计报表。通过利润表，可以从总体上了解企业收入、成本和费用、净利润（或亏损）的实现及构成情况；同时，通过利润表提供的不同时期的比较数字（本月数、本年累计数、上年数），可以分析企业的获利能力及利润的未来发展趋势，了解投资者投入资本的保值增值情况。

## 二、利润表的结构和内容

我国 2006 年 2 月颁布的《企业会计准则》规定,费用应当按照功能分为从事经营业务发生的成本、管理费用、销售费用和财务费用等。也就是说,我国采用费用功能法编制利润表。利润表的格式主要有多步式和单步式两种。根据 2006 年颁布的《企业会计准则——应用指南》,我国企业的利润表采用多步式。多步式利润表的主要编制步骤和内容如下:

营业利润 = 营业收入 – 营业成本 – 税金及附加 – 管理费用
    – 销售费用 – 财务费用 – 资产减值损失
    + 公允价值变动收益(减去公允价值变动损失)和投资收益
     (减去投资损失)

利润总额 = 营业利润 + 营业外收入 – 营业外支出

净利润(或亏损) = 利润总额 – 所得税费用

其中:

  营业收入 = 主营业务收入 + 其他业务收入

  营业成本 = 主营业务成本 + 其他业务成本

利润表的月度报表和年度报表的格式如表 7-3 和表 7-4 所示。

表 7-3         利 润 表

编制单位:      20××年×月      单位:元

| 项　目 | 本月数 | 本年累计数 |
| --- | --- | --- |
| 一、营业收入 | | |
| 减:营业成本 | | |
|   税金及附加 | | |
|   销售费用 | | |
|   管理费用 | | |
|   财务费用 | | |
|   资产减值损失 | | |
| 加:公允价值变动收益(损失以"-"号填列) | | |
|   投资收益(损失以"-"号填列) | | |
|   其中:对联营企业和合营企业的投资收益 | | |
| 二、营业利润(亏损以"-"号填列) | | |
| 加:营业外收入 | | |
|   其中:非流动资产处置利得 | | |
| 减:营业外支出 | | |

## 第七章 财务报表列报

续表

| 项　目 | 本月数 | 本年累计数 |
|---|---|---|
| 　其中：非流动资产处置损失 | | |
| 三、利润总额（亏损总额以"－"号填列） | | |
| 　减：所得税费用 | | |
| 四、净利润（净亏损以"－"号填列） | | |
| 五、其他综合收益的税后净额 | | |
| 六、综合收益总额 | | |
| 七、每股收益 | | |
| 　（一）基本每股收益 | | |
| 　（二）稀释每股收益 | | |

表 7-4　　　　　　　　　　　　　利　润　表

编制单位：　　　　　　　　　　　　20××年　　　　　　　　　　　　单位：元

| 项　目 | 本期金额 | 上期金额 |
|---|---|---|
| 一、营业收入 | | |
| 　减：营业成本 | | |
| 　　　税金及附加 | | |
| 　　　销售费用 | | |
| 　　　管理费用 | | |
| 　　　财务费用 | | |
| 　　　资产减值损失 | | |
| 　加：公允价值变动收益（损失以"－"号填列） | | |
| 　　　投资收益（损失以"－"号填列） | | |
| 　　　其中：对联营企业和合营企业的投资收益 | | |
| 二、营业利润（亏损以"－"号填列） | | |
| 　加：营业外收入 | | |
| 　　　其中：非流动资产处置利得 | | |
| 　减：营业外支出 | | |
| 　　　其中：非流动资产处置损失 | | |
| 三、利润总额（亏损总额以"－"号填列） | | |
| 　减：所得税费用 | | |
| 四、净利润（净亏损以"－"号填列） | | |
| 五、其他综合收益 | | |
| 六、综合收益总额 | | |
| 七、每股收益 | | |
| 　（一）基本每股收益 | | |
| 　（二）稀释每股收益 | | |

## 三、利润表的填列

### （一）利润表的填列方法

**1. 月度利润表"本月数"的填列方法**

（1）根据账户本期发生额直接填列。期末结账前，损益类账户有贷方发生额的，如"营业外收入"账户等，也有借方发生额的，如"税金及附加"、"管理费用"、"销售费用"、"财务费用"、"所得税费用"账户等。编制利润表时，可将上述损益类账户的借方或贷方本期发生额直接对应填列于利润表相应项目中。

（2）根据账户本期的发生额计算分析填列。利润表中的"营业收入"项目，可根据"主营业务收入"和"其他业务收入"账户的本期贷方发生额之和填列；"营业成本"项目，可根据"主营业务成本"和"其他业务成本"账户的本期借方发生额之和填列。

（3）根据利润表项目之间的关系计算填列。利润表中的某些项目需要根据项目之间的关系计算填列，如"营业利润"、"利润总额"和"净利润"项目。除这三个项目的其他项目填列完整后，通过利润表中的加项或减项计算填列。

**2. 月度利润表"本年累计数"栏各项目的填列方法**

利润表"本年累计数"栏反映各项目自年初起至本月末止的累计实际发生数。根据上月利润表的"本年累计数"栏的数字，加上本月利润表的"本月数"栏的数字，可以得出各项目截至本月的"本年累计数"，然后填入相应的项目内。

**3. 年度利润表有关栏目的填列方法**

（1）上期金额栏的填列方法。利润表"上期金额"栏内各项数字，应根据上年该期利润表"本期金额"栏内所列数字填列。如果上年该期利润表规定的各个项目的名称和内容同本期不相一致，应对上年该期利润表各项目的名称和数字按本期的规定进行调整，填入利润表"上期金额"栏内。

（2）本期金额栏的填列方法。利润表"本期金额"栏内各项数字，一般应根据损益类科目的发生额分析填列。

### （二）利润表项目的填列说明

（1）"营业收入"项目，反映企业经营主要业务和其他业务所确认的收入总额，本项目应根据"主营业务收入"和"其他业务收入"科目的发生额分析填列。

## 第七章 财务报表列报

(2) "营业成本"项目,反映企业经营主要业务和其他业务所发生的成本总额。本项目应根据"主营业务成本"和"其他业务成本"科目的发生额分析填列。

(3) "税金及附加"项目,反映企业经营业务应负担的消费税、城市建设维护税、资源税、土地增值税和教育费附加等。本项目应根据"税金及附加"科目的发生额分析填列。

(4) "销售费用"项目,反映企业在销售商品过程中发生的包装费、广告费等费用和为销售本企业商品而专设的销售机构的职工薪酬、业务费等经营费用。本项目应根据"销售费用"科目的发生额分析填列。

(5) "管理费用"项目,反映企业为组织和管理生产经营发生的管理费用。本项目应根据"管理费用"的发生额分析填列。

(6) "财务费用"项目,反映企业筹集生产经营所需资金等而发生的筹资费用。本项目应根据"财务费用"科目的发生额分析填列。

(7) "资产减值损失"项目,反映企业各项资产发生的减值损失。本项目应根据"资产减值损失"科目发生额分析填列。

(8) "公允价值变动收益"项目,反映企业应当记入当期损益的资产或负债公允价值变动收益。本项目应根据"公允价值变动损益"科目的发生额分析填列。如为净损失,本项目以"-"号填列。

(9) "投资收益"项目,反映企业以各种方式对外投资所取得的收益。本项目应根据"投资收益"科目的发生额分析填列。如为投资损失,本项目用"-"号填列。

(10) "营业利润"项目,反映企业实现的营业利润。如为亏损,本项目以"-"号填列。

(11) "营业外收入"项目,反映企业发生的与经营业务无直接关系的各项收入。本项目应根据"营业外收入"科目的发生额分析填列。

(12) "营业外支出"项目,反映企业发生的与经营业务无直接关系的各项支出。本项目应根据"营业外支出"科目的发生额分析填列。

(13) "利润总额"项目,反映企业实现的利润。如为亏损,本项目以"-"号填列。

(14) "所得税费用"项目,反映企业应从当期利润总额中扣除的所得税费用。本项目应根据"所得税费用"科目的发生额分析填列。

(15) "净利润"项目,反映企业实现的净利润。如为亏损,本项目以"-"号填列。

(16) "每股收益"项目,反映普通股股东每持有一股普通股所能享有的企业利润或需承担的企业亏损。本项目应根据净利润除以普通股股数计算确定。

（17）"其他综合收益"项目，反映企业根据《企业会计准则》规定未在损益中确认的各项利得和损失扣除所得税影响后的净额。

（18）"综合收益总额"项目，反映企业净利润与其他综合收益的合计金额。

## 四、每股收益

### （一）每股收益的作用

每股收益是指普通股股东每持有一股普通股所能享有的企业利润或需承担的企业亏损。每股收益是用于反映企业的经营成果，衡量普通股的获利水平及投资风险，是投资者、债权人等信息使用者据以评价企业盈利能力、预测企业成长潜力进而做出相关经济决策的一项重要的财务指标。进行财务分析时，每股收益指标既可用于不同企业间的业绩比较，以评价某企业的相对盈利能力；也可用于企业不同会计期间的业绩比较，以了解该企业盈利能力的变化趋势；另外，还可用于企业经营实绩与盈利预测的比较，以掌握该企业的管理能力。

### （二）每股收益的计算

每股收益包括基本每股收益和稀释每股收益两类。基本每股收益仅考虑当期实际发行在外的普通股股份，而稀释每股收益的计算和列报，主要是为了避免每股收益虚增可能带来的信息误导。

例如，一家公司发行可转换公司债券融资，由于转换选择权的存在，这些可转换债券的利率低于正常同等条件下普通债券的利率，从而降低了融资成本，在经营业绩和其他条件不变的情况下，相对提高了基本每股收益金额。要求考虑可转换公司债券的影响计算和列报稀释每股收益，就是为了能够提供一个更可比、更有用的财务指标。

**1. 基本每股收益**

基本每股收益只考虑当期实际发行在外的普通股股份，按照归属于普通股股东的当期净利润除以当期实际发行在外普通股的加权平均数计算确定。

$$基本每股收益 = \frac{归属于普通股股东的当期净利润}{发行在外普通股的加权平均数}$$

$$发行在外普通股加权平均数 = 期初发行在外普通股股数 + \frac{当期新发行普通股股数 \times 已发行时间}{报告期时间} - \frac{当期回购普通股股数 \times 已回购时间}{报告期时间}$$

## 第七章 财务报表列报

【例7-1】甲公司2011年期初发行在外的普通股为30 000万股;3月31日新发行普通股15 400万股;12月1日回购普通股3 600万股,以备将来奖励职工之用。该公司当年度实现净利润为8 600万元。2010年度基本每股收益计算如下:

甲公司发行在外普通股加权平均数 = 30 000 × 12 ÷ 12 + 15 400 × 9 ÷ 12 - 3 600 × 1 ÷ 12 = 41 250(万股)

甲公司2011年度基本每股收益 = 8 600 ÷ 41 250 = 0.21(元/股)

**2. 稀释每股收益**

稀释每股收益是以基本每股收益为基础,假设企业所有发行在外的稀释性潜在普通股均已转换为普通股,从而分别调整归属于普通股股东的当期净利润以及发行在外普通股的加权平均数计算而得的每股收益。

(1)稀释性潜在普通股。目前,我国企业发行的潜在普通股主要有可转换公司债券、认股权证、股份期权等。

(2)分子的调整。计算稀释每股收益时,应当根据下列事项对归属于普通股股东的当期净利润进行调整:一是当期已确认为费用的稀释性潜在普通股的利息;二是稀释性潜在普通股转换时将产生的收益或费用。上述调整应当考虑相关的所得税影响。

(3)分母的调整。计算稀释每股收益时,当期发行在外普通股的加权平均数应当为计算基本每股收益时普通股的加权平均数与假定稀释性潜在普通股转换为已发行普通股而增加的普通股股数的加权平均数之和。计算稀释性潜在普通股转换为已发行普通股而增加的普通股股数的加权平均数时,以前期间发行的稀释性潜在普通股应当假设在当期期初转换,当期发行的稀释性潜在普通股应当假设在发行日转换。

需要特别说明的是,潜在普通股是否具有稀释性的判断标准是看其对持续经营每股收益的影响,也就是说,假定潜在普通股当期转换为普通股,如果会减少持续经营每股收益或增加持续经营每股亏损,表明具有稀释性;否则,具有反稀释性。

【例7-2】某公司2011年1月2日发行4%可转换债券,面值为800万元,每100元债券可转换为1元面值普通股90股。2011年公司净利润为4 500万元,2011年发行在外普通股4 000万股,所得税税率为25%。计算公司基本每股收益和稀释的每股收益:

基本每股收益 = 4 500 ÷ 4 000 = 1.125(元)

稀释的每股收益:

净利润的增加 = 800 × 4% × (1 - 25%) = 24(万元)

普通股股数的增加 = 800 ÷ 100 × 90 = 720（万股）

稀释的每股收益 = (4 500 + 24) ÷ (4 000 + 720) = 0.96（元）

### 五、利润表的编制实例

某企业 2016 年 12 月有关收入和费用账户的发生额和本年 1~12 月累计发生额资料如表 7-5 所示。

表 7-5　　　　　2016 年度损益类账户 12 月及本年累计发生额　　　　　单位：元

| 账户名称 | 12 月发生额 | 本年 1~12 月累计发生额 |
| --- | --- | --- |
| 主营业务收入 | 480 000 | 3 200 000 |
| 主营业务成本 | 228 000 | 1 840 000 |
| 税金及附加 | 11 200 | 96 000 |
| 其他业务收入 | | 160 000 |
| 其他业务成本 | | 100 000 |
| 销售费用 | 12 000 | 140 000 |
| 管理费用 | 19 200 | 200 000 |
| 财务费用 | 12 800 | 60 000 |
| 营业外收入 | 6 000 | 8 000 |
| 营业外支出 | 9 600 | 32 000 |
| 所得税费用 | 63 756 | 316 800 |

根据上述资料编制利润表，如表 7-6 所示。

表 7-6　　　　　　　　　　利　润　表

编制单位：　　　　　　　　2016 年 12 月　　　　　　　　单位：元

| 项　目 | 本月数 | 本年累计数 |
| --- | --- | --- |
| 一、营业收入 | 480 000 | 3 360 000 |
| 减：营业成本 | 228 000 | 1 940 000 |
| 　税金及附加 | 11 200 | 96 000 |
| 　销售费用 | 12 000 | 140 000 |
| 　管理费用 | 19 200 | 200 000 |

# 第七章 财务报表列报

续表

| 项　　目 | 本月数 | 本年累计数 |
|---|---|---|
| 财务费用 | 12 800 | 60 000 |
| 二、营业利润 | 196 800 | 924 000 |
| 加：营业外收入 | 6 000 | 8 000 |
| 减：营业外支出 | 9 600 | 32 000 |
| 三、利润总额 | 193 200 | 900 000 |
| 减：所得税费用 | 63 756 | 316 800 |
| 四、净利润 | 129 444 | 583 200 |
| 五、其他综合收益 | （略） | （略） |
| 六、综合收益总额 | （略） | （略） |
| 七、每股收益 | （略） | （略） |
| （一）基本每股收益 | | |
| （二）稀释每股收益 | | |

## 第三节　现金流量表

### 一、现金流量表的概念和意义

现金流量表，是指反映企业在一定会计期间现金和现金等价物流入和流出的报表。这里的现金是指现金及现金等价物，其中，现金包括库存现金以及可以随时用于支付的存款，如银行存款及其他货币资金。银行存款和其他货币资金中不能随时用于支付的存款，如定期存款等，不能作为现金；提前通知金融企业便可支取的定期存款，则应该包括在现金之内。现金等价物是指企业持有的期限短、流动性强、易于转换为已知金额现金、价值变动风险很小的投资。期限短一般是指从购买日起3个月内到期。现金等价物通常包括3个月内到期的债券投资等。

现金流量表要反映现金的流入和流出，从动态上反映现金的变动情况。通过现金流量表，能使企业外部投资者、债权人和其他与企业有利害关系的财务报表的使用者评估企业未来取得净现金流入的能力、未来偿还负债及支付股利的能力、分析企业盈利能力和分析本期营业取得净现金流入与本期净收益之间差异的原因、反映企业用现金或非现金的投资与筹资活动以及向外界提供所需要的现金流量信息；也可据以分析企业财务管理水平和制订营运资金计划，以加强财务管理和用好企业的营运资金。

## 二、现金流量表的内容及结构

企业的现金流量按交易的性质可分为三类，即经营活动产生的现金流量、投资活动产生的现金流量和筹资活动产生的现金流量。因此，现金流量表应反映以下内容：经营活动产生的现金流量、投资活动产生的现金流量、筹资活动产生的现金流量、现金流量净额和现金的期末余额。

### （一）经营活动产生的现金流量

经营活动是指企业投资活动和筹资活动以外的所有交易和事项，如销售产品、商品或提供劳务所产生的现金流入，为购买存货而支付的货款等。其主要内容如下：

**1. 现金流入项目**

（1）销售商品、提供劳务收到的现金（包括销售收入和应向购买者收取的增值税）；

（2）收到的税费返还；

（3）收到的其他与经营活动有关的现金。

**2. 现金流出项目**

（1）购买商品、接受劳务支付的现金（包括支付的增值税进项税额）；

（2）支付给职工以及为职工支付的现金；

（3）支付的各项税费；

（4）支付的其他与经营活动有关的现金。

### （二）投资活动产生的现金流量

投资活动是指企业长期资产的购建和不包括在现金等价物范围内的投资及处置活动。其中，长期资产是指固定资产、无形资产、在建工程、其他资产等持有期限在1年或1个营业周期以上的资产。投资活动产生的现金流量的主要内容包括：

**1. 现金流入项目**

（1）收回投资所收到的现金；

（2）取得投资收益所收到的现金；

(3) 处置固定资产、无形资产和其他长期资产所收回的现金净额（如为负数，则应作为投资活动的现金流出项目反映）；

(4) 处置子公司及其他营业单位收到的现金净额；

(5) 收到的其他与投资活动有关的现金。

**2. 现金流出项目**

(1) 购建固定资产、无形资产和其他长期资产所支付的现金；

(2) 投资所支付的现金；

(3) 取得子公司及其他营业单位支付的现金净额；

(4) 支付的其他与投资活动有关的现金。

### (三) 筹资活动产生的现金流量

筹资活动是指导致企业资本及债务规模和构成发生变化的活动。筹资活动产生的现金流量的主要内容包括：

**1. 现金流入项目**

(1) 吸收投资所收到的现金；

(2) 取得借款所收到的现金；

(3) 收到的其他与筹资活动有关的现金。

**2. 现金流出项目**

(1) 偿还债务所支付的现金；

(2) 分配股利、利润或偿付利息所支付的现金；

(3) 支付的其他与筹资活动有关的现金。

除现金流量表反映的信息外，企业还应在附注中披露将净利润调节为经营活动现金流量、不涉及现金收支的重大投资和筹资活动、现金及现金等价物净变动等信息。现金流量表的具体格式如表7-7所示。

表7-7　　　　　　　　　　现金流量表

编制单位：　　　　　　　　20××年　　　　　　　　　　单位：元

| 项　目 | 本期金额 | 上期金额 |
| --- | --- | --- |
| 一、经营活动产生的现金流量 | | |
| 　销售商品、提供劳务收到的现金 | | |
| 　收到的税费返还 | | |
| 　收到其他与经营活动有关的现金 | | |
| 　　经营活动现金流入小计 | | |
| 　购买商品、接受劳务支付的现金 | | |

续表

| 项目 | 本期金额 | 上期金额 |
|---|---|---|
| 支付给职工以及为职工支付的现金 | | |
| 支付的各项税费 | | |
| 支付其他与经营活动有关的现金 | | |
| 　　经营活动现金流出小计 | | |
| 　　经营活动产生的现金流量净额 | | |
| 二、投资活动产生的现金流量 | | |
| 收回投资收到的现金 | | |
| 取得投资收益收到的现金 | | |
| 处置固定资产、无形资产和其他长期资产收回的现金净额 | | |
| 处置子公司及其他营业单位收到的现金净额 | | |
| 收到其他与投资活动有关的现金 | | |
| 　　投资活动现金流入小计 | | |
| 购建固定资产、无形资产和其他长期资产支付的现金 | | |
| 投资支付的现金 | | |
| 取得子公司及其他营业单位支付的现金净额 | | |
| 支付其他与投资活动有关的现金 | | |
| 　　投资活动现金流出小计 | | |
| 　　投资活动产生的现金流量净额 | | |
| 三、筹资活动产生的现金流量 | | |
| 吸收投资收到的现金 | | |
| 取得借款收到的现金 | | |
| 收到其他与筹资活动有关的现金 | | |
| 　　筹资活动现金流入小计 | | |
| 偿还债务支付的现金 | | |
| 分配股利、利润或偿付利息支付的现金 | | |
| 支付其他与筹资活动有关的现金 | | |
| 　　筹资活动现金流出小计 | | |
| 　　筹资活动产生的现金流量净额 | | |
| 四、汇率变动对现金及现金等价物的影响 | | |
| 五、现金及现金等价物净增加额 | | |
| 　加：期初现金及现金等价物余额 | | |
| 六、期末现金及现金等价物余额 | | |

## 三、现金流量表的编制

### (一) 现金流量表的编制方法

企业应当采用直接法列示经营活动产生的现金流量。直接法是指通过现金收入和现金支出的主要类别列示经营活动的现金流量。采用直接法编制经营活动的现金流量时，一般以利润表中的营业收入为起算点，调整与经营活动有关的项目的增减变动，然后计算出经营活动的现金流量。采用直接法具体编制现金流量表时，可以采用工作底稿法或"T"形账户法，也可以根据有关科目记录分析填列。

### (二) 现金流量表具体项目填列说明

**1. 经营活动产生的现金流量**

(1) "销售商品、提供劳务收到的现金"项目，反映企业本年销售商品、提供劳务实际收到的现金（包括应向购买者收取的增值税销项税额）和本期预收的款项，减去本期销售本期退回的商品和前期销售本期退回的商品支付的现金。企业销售材料和代购代销业务收到的现金，也在本项目反映。

(2) "收到的税费返还"项目，反映企业收到返还的各种税费，如收到的增值税、营业税、所得税、消费税、关税和教育费附加等各种税费的返还款等。

(3) "收到的其他与经营活动有关的现金"项目，反映企业经营租赁收到的租金等其他与经营活动有关的现金，金额较大的应当单独列示。

(4) "购买商品、接受劳务支付的现金"项目，反映企业购买材料、商品、接受劳务实际支付的现金（包括增值税进项税额），以及本期支付前期购买商品、接受劳务的未付款项和本期预付款项，减去本期发生的购货退回收到的现金。企业购买材料和代购代销业务支付的现金，也在本项目反映。

(5) "支付给职工以及为职工支付的现金"项目，反映企业实际支付给职工的现金以及为职工支付的现金，包括企业为获得职工提供的服务本期实际给予各种形式的报酬以及其他相关支出，如支付给职工的工资、奖金、各种津贴和补贴等，以及为职工支付的其他费用。

(6) "支付的各项税费"项目，反映企业按规定支付的各项税费，包括本期发生并支付的税费，以及本期支付以前各期发生的税费和预交的税金，如支付的所得税、增值税、营业税、消费税、印花税、房产税、土地增值税、车船税和教育费附加等。

(7) "支付其他与经营活动有关的现金"项目，反映企业除上述各项目外，支付的其他与经营活动有关的现金，如罚款支出，支付的差旅费、业务招待费、保险费，以及经营租赁支付的现金等。其他与经营活动有关的现金，如果金额较大的，应单列项目反映。

**2. 投资活动产生的现金流量**

（1）"收回投资收到的现金"项目，反映企业出售、转让或到期收回除现金等价物以外对其他企业长期股权投资等而收到的现金；但处置子公司及其他营业单位收到的现金净额除外。

（2）"取得投资收益收到的现金"项目，反映企业除现金等价物以外的对其他企业的长期股权投资等分回的现金股利和利息等。

（3）"处置固定资产、无形资产和其他长期资产收回的现金净额"项目，反映企业出售、报废固定资产、无形资产和其他长期资产（如投资性房地产）所取得的现金，减去为处置这些资产而支付的有关费用后的净额。

（4）"处置子公司及其他营业单位收到的现金净额"项目，反映企业处置子公司及其他营业单位所取得的现金减去子公司或其他营业单位持有的现金和现金等价物以及相关处置费用后的净额。

（5）"收到其他与投资活动有关的现金"项目，反映企业除上述（1）至（4）项目外收到的其他与投资活动有关的现金，金额较大的应当单独列示。

（6）"购建固定资产、无形资产和其他长期资产支付的现金"项目，反映企业购买、建造固定资产，取得无形资产和其他长期资产（如投资性房地产）支付的现金，包括购买机器设备所支付的现金、建造工程支付的现金和支付在建工程人员的工资等现金支出。

（7）"投资支付的现金"项目，反映企业取得除现金等价物以外的对其他企业的长期股权投资等所支付的现金以及支付的佣金、手续费等附加费用，但取得子公司及其他营业单位支付的现金金额除外。

（8）"取得子公司及其他营业单位支付的现金净额"项目，反映企业取得子公司及其他营业单位购买出价中以现金支付的部分，减去子公司或其他营业单位持有的现金和现金等价物后的净额。

（9）"支付其他与投资活动有关的现金"项目，反映企业除上述（6）至（8）项目外支付的其他与投资活动有关的现金，金额较大的应当单独列示。

**3. 筹资活动产生的现金流量**

（1）"吸收投资收到的现金"项目，反映企业以发行股票等方式筹集资金实际收到的款项净额（发行收入减去支付的佣金等于发行费用后的净额）。

（2）"取得借款收到的现金"项目，反映企业举借各种短期、长期借款而收到的现金，以及发行债券实际收到的款项净额（发行收入减去直接支付的佣金等于发行费用后的净额)。

(3)"收到其他与筹资活动有关的现金"项目,反映企业除上述(1)和(2)项目外收到的其他与筹资活动有关的现金,金额较大的应单独列示。

(4)"偿还债务支付的现金"项目,反映企业以现金偿还债务的本金,包括:归还金融企业的借款本金、偿付企业到期的债券本金等。

(5)"分配股利、利润或偿付利息支付的现金"项目,反映企业实际支付的现金股利、支付给其他投资单位的利润或用现金支付的借款利息和债券利息。

(6)"支付其他与筹资活动有关的现金"项目,反映企业除上述(4)至(5)项目外支付的其他与筹资活动有关的现金,金额较大的应单独列示。

**4. "汇率变动对现金的影响"项目**

现金流量表准则规定,外币现金流量以及境外子公司的现金流量应当采用现金流量发生日的即期汇率或即期汇率的近似汇率折算。汇率变动对现金的影响额应当作为调节项目,在现金流量表中单独列报。

### (三)补充资料的填列方法

现金流量表采用直接法反映经营活动产生的现金流量,同时,企业还应采用间接法反映经营活动产生的现金流量。间接法是指以本期净利润为起点,通过调整不涉及现金的收入、费用、营业外收支以及经营性应收应付等项目的增减变动,调整不属于经营活动的现金收支项目,据此计算并列报经营活动产生的现金流量的方法。在我国,现金流量表补充资料(见表7-8)应采用间接法反映经营活动产生的现金流量情况,以对现金流量表中采用直接法反映的经营活动现金流量进行核对和补充说明。

表7-8　　　　　　　　　　现金流量补充资料

| 补充资料 | 本期金额 | 上期金额 |
| --- | --- | --- |
| 1. 将净利润调节为经营活动现金流量 | | |
| 净利润 | | |
| 加:资产减值准备 | | |
| 　　固定资产折旧、油气资产折耗、生产性生物资产折旧 | | |
| 　　无形资产摊销 | | |
| 　　长期待摊费用摊销 | | |
| 　　处置固定资产、无形资产和其他长期资产的损失(收益以"-"号填列) | | |
| 　　固定资产报废损失(收益以"-"号填列) | | |
| 　　公允价值变动损失(收益以"-"号填列) | | |
| 　　财务费用(收益以"-"号填列) | | |

## 会 计 学

续表

| 补充资料 | 本期金额 | 上期金额 |
| --- | --- | --- |
| 投资损失（收益以"－"号填列） | | |
| 递延所得税资产减少（增加以"－"号填列） | | |
| 递延所得税负债增加（减少以"－"号填列） | | |
| 存货的减少（增加以"－"号填列） | | |
| 经营性应收项目的减少（增加以"－"号填列） | | |
| 经营性应付项目的增加（减少以"－"号填列） | | |
| 其他 | | |
| 经营活动产生的现金流量净额 | | |
| 2. 不涉及现金收支的重大投资和筹资活动 | | |
| 　债务转为资本 | | |
| 　一年内到期的可转换公司债券 | | |
| 　融资租入固定资产 | | |
| 3. 现金及现金等价物净变动情况 | | |
| 　现金的期末余额 | | |
| 　减：现金的期初余额 | | |
| 　加：现金等价物的期末余额 | | |
| 　减：现金等价物的期初余额 | | |
| 　现金及现金等价物净增加额 | | |

**1. 将净利润调节为经营活动现金流量**

采用间接法列报经营活动产生的现金流量时，需要对四大类项目进行调整：实际没有支付现金的费用、实际没有收到现金的收益、不属于经营活动的损益和经营性应收应付项目的增减变动。

**2. 不涉及现金收支的重大投资和筹资活动**

不涉及现金收支的重大投资和筹资活动，反映企业一定期间内影响资产或负债但不形成该期现金收支的所有投资和筹资活动的信息。这些投资和筹资活动虽然不涉及现金收支，但对以后各期的现金流量有重大影响，例如企业融资租入设备，将形成的负债记入"长期应付款"账户，当期并不支付设备款及租金，但以后各期必须为此支付现金，从而在一定期间内形成了一项固定的现金支出。

企业应当在附注中披露不涉及当期现金收支但影响企业财务状况或在未来可能影响企业现金流量的重大投资和筹资活动，主要包括：一是债务转为资本，反映企业本期转为资本的债务金额；二是一年内到期的可转换公司债券，反映企业

# 第七章 财务报表列报

一年内到期的可转换公司债券的本息;三是融资租入固定资产,反映企业本期融资租入的固定资产。

## 四、现金流量表的编制实例(略)

## 第四节 所有者权益变动表

### 一、所有者权益变动表的概念和作用

所有者权益变动表,是反映构成所有者权益的各组成部分当期的增减变动情况的报表。所有者权益变动表应当全面反映一定时期所有者权益变动的情况,不仅包括所有者权益总量的增减变动,还包括所有者权益增减变动的重要结构性信息,特别是要反映直接记入所有者权益的利得和损失,让报表使用者准确理解所有者权益增减变动的根源。

### 二、所有者权益变动表的内容和结构

在所有者权益变动表上(见表7-9),企业至少应当单独列示反映下列信息的项目:一是净利润;二是直接记入所有者权益的利得和损失项目及其总额;三是会计政策变更和差错更正的累积影响金额;四是所有者投入资本和向所有者分配的利润等;五是提取的盈余公积;六是实收资本、资本公积、盈余公积和未分配利润的期初期末余额及其调节情况。

表7-9　　　　　　　　　　　所有者权益变动表

编制单位:×××公司　　　　　　　20××年度　　　　　　　　　　单位:元

| 项　目 | 本年金额 | | | | | | 上年金额 | | | | | |
|---|---|---|---|---|---|---|---|---|---|---|---|---|
| | 实收资本(或股本) | 资本公积 | 减:库存股 | 盈余公积 | 未分配利润 | 所有者权益合计 | 实收资本(或股本) | 资本公积 | 减:库存股 | 盈余公积 | 未分配利润 | 所有者权益合计 |
| 一、上年年末余额 | | | | | | | | | | | | |
| 加:会计政策变更 | | | | | | | | | | | | |
| 前期差错更正 | | | | | | | | | | | | |
| 二、本年年初余额 | | | | | | | | | | | | |

续表

| 项　目 | 本年金额 | | | | | | 上年金额 | | | | | |
|---|---|---|---|---|---|---|---|---|---|---|---|---|
| | 实收资本（或股本） | 资本公积 | 减：库存股 | 盈余公积 | 未分配利润 | 所有者权益合计 | 实收资本（或股本） | 资本公积 | 减：库存股 | 盈余公积 | 未分配利润 | 所有者权益合计 |
| 三、本年增减变动金额（减少以"－"号填列） | | | | | | | | | | | | |
| （一）净利润 | | | | | | | | | | | | |
| （二）直接记入所有者权益的利得和损失 | | | | | | | | | | | | |
| 1. 可供出售金融资产公允价值变动净额 | | | | | | | | | | | | |
| 2. 权益法下被投资单位其他所有者权益变动的影响 | | | | | | | | | | | | |
| 3. 与记入所有者权益项目相关的所得税影响 | | | | | | | | | | | | |
| 4. 其他 | | | | | | | | | | | | |
| 上述（一）和（二）小计 | | | | | | | | | | | | |
| （三）所有者投入和减少资本 | | | | | | | | | | | | |
| 1. 所有者投入资本 | | | | | | | | | | | | |
| 2. 股份支付记入所有者权益的金额 | | | | | | | | | | | | |
| 3. 其他 | | | | | | | | | | | | |
| （四）利润分配 | | | | | | | | | | | | |
| 1. 提取盈余公积 | | | | | | | | | | | | |
| 2. 对所有者（或股东）的分配 | | | | | | | | | | | | |
| 3. 其他 | | | | | | | | | | | | |
| （五）所有者权益内部结转 | | | | | | | | | | | | |
| 1. 资本公积转增资本（或股本） | | | | | | | | | | | | |
| 2. 盈余公积转增资本（或股本） | | | | | | | | | | | | |
| 3. 盈余公积弥补亏损 | | | | | | | | | | | | |
| 4. 其他 | | | | | | | | | | | | |
| 四、本年年末余额 | | | | | | | | | | | | |

# 第七章 财务报表列报

## 三、所有者权益变动表的填列方法

所有者权益变动表的"上年金额"栏内各项数字，应根据上年度所有者权益变动表"本年金额"栏内所列数字填列。如果上年度所有者权益变动表规定的各个项目的名称和内容同本年度不相一致，应对上年度所有者权益变动表各项目的名称和数字按本年度的规定进行调整，填入所有者权益变动表"上年金额"栏内。所有者权益变动表"本年金额"栏内各项数字，一般应根据"实收资本（或股本）"、"资本公积"、"盈余公积"、"利润分配"、"库存股"、"以前年度损益调整"科目的发生额分析填列。具体项目填列说明如下：

（1）"上年年末余额"项目，反映企业上年资产负债表中实收资本（或股本）、资本公积、库存股、盈余公积、未分配利润的年末余额。

（2）"会计政策变更"、"前期差错更正"项目，分别反映企业采用追溯调整法处理的会计政策变更的累积影响金额和采用追溯重述法处理的会计差错更正的累积影响金额。

为了体现会计政策变更和前期差错更正的影响，企业应当在上期期末所有者权益余额的基础上进行调整得出本年年初所有者权益，根据"盈余公积"、"利润分配"、"以前年度损益调整"等科目的发生额分析填列。

（3）"本年增减变动金额"项目：

① "净利润"项目，反映企业当年实现的净利润（或净亏损）金额。

② "直接记入所有者权益的利得和损失"项目，反映企业当年直接记入所有者权益的利得和损失金额。其中：

"可供出售金融资产公允价值变动净额"项目，反映企业持有的可供出售金融资产当年公允价值变动的金额。

"权益法下被投资单位其他所有者权益变动的影响"项目，反映企业对按照权益法核算的长期股权投资在被投资单位除当年实现的净损益以外其他所有者权益当年变动中应享有的份额。

"与记入所有者权益项目相关的所得税影响"项目，反映企业根据《企业会计准则第 18 号——所得税》规定应记入所有者权益项目的当年所得税影响金额。

③ "所有者投入和减少资本"项目，反映企业当年所有者投入的资本和减少的资本。其中：

"所有者投入资本"项目，反映企业接受投资者投入形成的实收资本（或股本）和资本溢价或股本溢价。

"股份支付记入所有者权益的金额"项目,反映企业处于等待期中的权益结算的股份支付当年记入资本公积的金额。

④"利润分配"项目,反映企业当年的利润分配金额。其中:

"提取盈余公积"项目,反映企业按照规定提取的盈余公积。

"对所有者(或股东)的分配"项目,反映对所有者(或股东)分配的利润(或股利)金额。

⑤"所有者权益内部结转"项目,反映企业构成所有者权益的组成部分之间的增减变动情况。其中:

"资本公积转增资本(或股本)"项目,反映企业以资本公积转增资本或股本的金额。

"盈余公积转增资本(或股本)"项目,反映企业以盈余公积转增资本或股本的金额。

"盈余公积弥补亏损"项目,反映企业以盈余公积弥补亏损的金额。

### 四、所有者权益变动表的编制实例(略)

## 第五节 附 注

### 一、附注的概念和作用

附注是对在资产负债表、利润表、现金流量表和所有者权益变动表等报表中列示项目的文字描述或明细资料,以及对未能在这些报表中列示项目的说明等。

财务报表中的数字是经过分类与汇总后的结果,是对企业发生的经济业务的高度简化和浓缩的数字,如有没有形成这些数字所使用的会计政策和理解这些数字所必需的披露,财务报表就不可能充分发挥效用。因此,附注增强了会计信息的可理解性和可比性,保证会计信息的充分披露和透明性。

### 二、附注的主要内容

**1. 企业的基本情况**

(1)企业注册地、组织形式和总部地址。

(2)企业的业务性质和主要经营活动,如企业所处的行业、所提供的主要产品或服务、客户的性质、销售策略和监管环境的性质等。

## 第七章　财务报表列报

（3）母公司以及集团最终母公司的名称。
（4）财务报告的批准报出者和财务报告批准报出日。

**2. 财务报表的编制基础**

财务报表的编制基础，是指财务报表是在持续经营基础上还是非持续经营基础上编制的。企业一般是在持续经营基础上编制财务报表，清算、破产属于非持续经营基础。

**3. 遵循企业会计准则的声明**

企业应当声明编制的财务报表符合《企业会计准则》的要求，真实、完整地反映了企业的财务状况、经营成果和现金流量等有关信息，以此明确企业编制财务报表所依据的制度基础。如果企业编制的财务报表只是部分地遵循了《企业会计准则》，附注中不得做出这种表述。

**4. 重要会计政策和会计估计**

根据财务报表列报准则的规定，企业应当披露采用的重要会计政策和会计估计，不重要的会计政策和会计估计可以不披露。

**5. 会计政策和会计估计变更以及差错更正的说明**

企业应当按照《企业会计准则第 28 号——会计政策、会计估计变更和差错更正》及其应用指南的规定，披露会计政策和会计估计变更以及差错更正的有关情况。

**6. 报表重要项目的说明**

企业应当以文字和数字描述相结合，尽可能以列表形式披露报表重要项目的构成或当期增减变动情况，并且报表重要项目的明细金额合计应当与报表项目金额相衔接。在披露顺序上，一般应当按照资产负债表、利润表、现金流量表、所有者权益变动表的顺序及其项目列示的顺序。

**7. 其他需要说明的重要事项**

## 案例思考

### 资料

华华公司和阳阳公司均是三年前成立开业的，两家公司经营相同的业务。最近，两家公司均向银行提出半年期的贷款申请。为了了解两家公司的财务状况，银行要求它们提供最新的财务报表。阳阳公司尚未完成报表的编制工作，只是提供一张试算表。下面是华华公司的资产负债表和阳阳公司的结账后试算表。

# 会 计 学

## 华华公司资产负债表

2009 年 10 月 31 日　　　　　　　　　　　　　　　　　单位：元

| 资　产 | | 负债和所有者权益 | |
|---|---|---|---|
| 项目 | 金额 | 项目 | 金额 |
| 流动资产： | | 流动负债： | |
| 现金 | 150 | 应付账款 | 51 700 |
| 银行存款 | 22 350 | 应交税费 | 8 300 |
| 应收账款 | 65 000 | 预提费用 | 5 000 |
| 存货 | 621 900 | 流动负债合计 | 65 000 |
| 待摊费用 | 3 600 | 所有者权益： | |
| 流动资产合计 | 203 000 | 实收资本 | 250 000 |
| 固定资产： | | 盈余公积 | 8 000 |
| 固定资产原价 | 200 000 | 未分配利润 | 10 000 |
| 减：累计折旧 | 70 000 | 所有者权益合计 | 268 000 |
| 固定资产净值 | 130 000 | | |
| 资产总计 | 333 000 | 负债和所有者权益总计 | 333 000 |

## 阳阳公司结账后试算表

20×9 年 10 月 31 日　　　　　　　　　　　　　　　　　单位：元

| 账户名称 | 借　方 | 贷　方 |
|---|---|---|
| 现金 | 700 | |
| 银行存款 | 38 800 | |
| 应收账款 | 51 180 | |
| 材料 | 35 000 | |
| 生产成本 | 12 600 | |
| 产成品 | 35 200 | |
| 待摊费用 | 1 200 | |
| 固定资产 | 320 000 | |
| 累计折旧 | | 84 680 |
| 应付账款 | | 98 700 |
| 应交所得税 | | 3 300 |
| 应交其他税金 | | 8 000 |
| 预提费用 | | 2 000 |
| 实收资本 | | 280 000 |
| 盈余公积 | | 8 000 |
| 未分配利润 | | 10 000 |
| 合计 | 494 680 | 494 680 |

# 第七章 财务报表列报

假定两家公司要求贷款的金额相同。

**思考题**

根据上述资料,作为银行信贷员的你应考虑贷款给哪家公司,为什么?

# 第八章 财务报表分析

【**本章学习目标**】通过本章的学习，明确财务报表分析的意义与目的；掌握财务报表分析的基本方法和基本指标的计算，主要是运用财务比率分析企业的获利能力、偿债能力、成长能力和周转能力；了解现金流量占有能力分析的相关比率。

## 第一节 财务报表分析概述

### 一、财务报表分析的概念

财务报表分析又称财务分析，是通过收集、整理企业财务会计报告中的有关数据并结合其他有关补充信息对企业的财务状况、经营成果和现金流量情况进行综合比较和评价，为财务会计报告使用者提供管理决策和控制依据的一项管理工作。财务报表分析的对象是企业的各项基本活动，是从报表中获取符合报表使用者分析目的的信息，认识企业活动的特点，评价业绩，发现问题。

### 二、财务报表分析的意义

财务报表能够全面反映企业的财务状况、经营成果和现金流量情况，但是单纯从财务报表上的数据还不能直接或全面说明企业的财务状况，特别是不能说明企业经营状况的好坏和经营成果的高低，只有将企业的财务指标与有关的数据进行比较分析，才能说明企业财务状况所处的地位，因此要进行财务报表分析。

做好财务报表分析工作，可以正确评价企业的财务状况、经营成果和现金流量情况，揭示企业未来的报酬和风险；可以检查企业预算完成情况，考核经营管理人员的业绩，为建立健全合理的激励机制提供帮助；可以与财务部门进行卓有成效的沟通，对企业的经营绩效做出正确的评估，从财务角度为决策者提供支持，从所有者和经营者不同的角度理解财务报表，快速识别财务数据中可能存在

## 第八章 财务报表分析

的失真成分,分析企业的营运资本,审视企业存在的弊病,从现金流量表来分析企业的利润水平。

### 三、财务报表分析的基本内容

财务报表分析是由不同的使用者进行的,他们各自有不同的分析重点,也有共同的要求。从企业总体来看,财务报表分析的基本内容主要包括以下三个方面:一是分析企业的偿债能力,分析企业权益的结构,估量对债务资金的利用程度。二是评价企业资产的营运能力,分析企业资产的分布情况和周转使用情况。三是评价企业的盈利能力,分析企业利润目标的完成情况和不同年度盈利水平的变动情况。

以上三个方面的分析内容互相联系、互相补充,可以综合地描述出企业生产经营的财务状况、经营成果和现金流量情况,以满足不同使用者对会计信息的基本需要。其中,偿债能力是企业财务目标实现的稳健保证,而营运能力是企业财务目标实现的物质基础,盈利能力则是前两者共同作用的结果,同时也对前两者的增强起推动作用。

### 四、财务报表分析的基本方法

#### (一)水平分析法

水平分析法是指将企业报告期的财务报表资料与前期或历史某一时期的资料进行对比,用以说明企业经营成果、财务状况和现金流动情况的变化。水平分析主要有三种常见的方法:

(1)绝对金额比较:

绝对值变动额 = 分析期实际数 - 基期同项数据

(2)增减变动率:

变动率 = 绝对值变动额 ÷ 基期实际数 × 100%

(3)变动比值率:

变动比值率 = 分析期实际数 ÷ 基期实际数 × 100%

在采用水平分析法时,应当将绝对金额比较与变动率比较相结合,避免某些项目因为绝对额较大且仅发生很小的变化而得到变动较小的错误结果;同时也避免某些项目变动率很大但绝对额很小,由此得出该项目发生重大变化的错误结论。

## （二）结构分析法

结构分析法的出发点在于计算财务报表中各项目在总体中所占比例或结构，反映报表各项目与总体之间的关系。该方式也可称为垂直分析法。通过结构计算后的报表也称为共同比报表。结构分析的计算公式如下：

结构百分比 = 某项目金额 ÷ 项目总体金额 × 100%

例如，资产负债表的整体可以是资产总额，利润表的整体可以是营业收入，现金流量表的整体可以是经营活动、筹资活动、投资活动的现金流量净额。

## （三）趋势分析法

趋势分析法是根据企业连续几期的数据进行对比分析的方式。该种方法由于运用较长时间的数据，因此能够为了解企业的基本情况提供一个更清晰的发展趋势。趋势分析法主要表现为以下两种具体形式：

**1. 定基指数分析法**

定基指数分析法首先选择一个基期，将该期的各项数额的指数定为100%，将其他各期的报表项目换算为与基期相同项目的百分比。其他各期通过计算定基指数反映变动情况。其计算式为：

定基指数 = 各期实际数据 ÷ 基期数据 × 100%

**2. 环比指数分析法**

环比指数分析法的基期是不固定的或动态的，各期均以前期为基期。将前期的数据设定为100%，将各期的报表项目换算为与前期相同项目的百分比。其计算式为：

环比指数 = 各期实际数据 ÷ 上一期数据 × 100%

## （四）因素分析法

因素分析法是依据分析指标与其影响因素之间的关系，根据一定的程序与方法，确定各因素对分析指标差异影响程度的一种方法。因素分析法具体可以分为连环替代法和差额计算法。

**1. 连环替代法**

连环替代法的计算步骤包括：

首先，确定影响因素。基期：$A = a_0 \times b_0$；分析期：$B = a_1 \times b_1$；分析对象：$B - A$。

其次,连环顺序替代。替代因素 $a$:$a_1 \times b_0$;替代因素 $b$:$a_1 \times b_1$。

再次,计算因素影响额。因素 $a$ 的影响:$a_1 \times b_0 - a_0 \times b_0$;因素 $b$ 的影响:$a_1 \times b_1 - a_1 \times b_0$。

最后,检验结果。对 $a$、$b$ 影响额的合计应当等于分析对象。

**2. 差额计算法**

差额分析法实际上是连环替代法的简化形式。其计算步骤包括:

首先,确定影响因素。基期:$A = a_0 \times b_0$;分析期:$B = a_1 \times b_1$;分析对象:$B - A$。

其次,计算因素影响额。因素 $a$ 的影响:$(a_1 - a_0) \times b_0$;因素 $b$ 的影响:$a_1 \times (b_1 - b_0)$。

### (五) 比率分析法

比率分析法是以同一期财务报表上若干重要项目的相关数据相互比较,求出比率,用以分析和评价公司的经营活动以及公司目前和历史状况的一种方法,是财务分析最基本的工具。由于进行财务分析的目的不同,因而各种分析者包括债权人、管理当局和政府机构等所采取的侧重点也不同。作为股票投资者,主要是掌握和运用四类比率,即反映公司的获利能力比率、偿债能力比率、成长能力比率和周转能力比率。

## 第二节 基本的财务比率分析

基本的财务比率分析包括反映公司的获利能力比率、偿债能力比率、成长能力比率和周转能力比率四个方面的分析。

### 一、获利能力比率

#### (一) 资产报酬率

资产报酬率也称投资盈利率。它是指公司资产总额中平均每 100 元所能获得的纯利润。其公式为:

税前净利 ÷ 平均资产总额 × 100%

其中,

税前净利＝净利润＋利息费用＋所得税
平均资产总额＝(期初资产总额＋期末资产总额)÷2

资产报酬率是用以衡量公司运用所有投资资源所获经营成效的指标。其比率越高，则表明公司善于运用资产；反之，则资产利用效果差。

由于资产来源除股东外还有其他债权人，如银行以及公司债券的投资者等，因此，除归属股东所有的税后盈利外，还应包括支付债权人的利息费用。调整后的资产报酬率的计算公式为：

资产报酬率＝(税后盈利＋利息支出)÷平均资产总额×100%

例如：根据第七章资产负债表 7-2、利润表 7-6 的相关资料，某企业的资产报酬率＝(583 200＋60 000)÷(2 480 000＋2 800 000)×0.5×100%＝24.36%。

## (二) 每股账面价值

每股账面价值即股东权益总额与股票发行总股数的比率。其计算公式为：

每股账面价值＝股东权益总额÷(优先股数＋普通股数)

将每股账面价值与每股票面价值相比较，可以看出经营状况的好坏。通常经营状况良好、财务健全的公司，其每股账面价值必定高于每股票面价值；账面价值逐年提高，就表明该公司的资本结构越来越健全。当然，每股账面价值仅是表明公司股东所投入的每股股票价值，而不是表示股东每股股票从公司所能取出的价值。

例如：根据第七章资产负债表 7-2 的相关资料，并假定某企业优先股数为 10 万股，普通股数为 90 万股，则该企业的每股账面价值＝1 148 000÷(100 000＋900 000)＝1.148（元/股）。

## (三) 销售利润率

销售利润率指公司销售收入中每 100 元平均获得的销售利润。这一比率的高低，意味着公司获利能力的强弱。销售利润率计算公式为：

销售利润率＝税后利润÷销售收入×100%

例如：根据第七章利润表 7-6 的相关资料，某企业的销售利润率＝583 200÷3 360 000×100%＝17.36%。

## 第八章 财务报表分析

### 二、偿债能力比率

公司的偿债能力包括短期偿债能力和长期偿债能力。反映短期偿债能力即将公司资产转变为现金用以偿还短期债务能力的比率主要有流动比率、速动比率以及流动资产构成比率等。反映长期偿债能力即公司偿还长期债务能力的比率主要有股东权益对负债比率、负债比率、举债经营比率、产权比率和固定资产对长期负债比率等。

#### （一）流动比率

流动比率也称营运资金比率，是衡量公司短期偿债能力最通用的指标。其计算公式为：

流动比率 = 流动资产 ÷ 流动负债

流动比率越大，表明公司短期偿债能力越强，并表明公司有充足的营运资金；反之，说明公司的短期偿债能力不强，营运资金不充足。一般财务健全的公司，其流动资产应远高于流动负债，起码不得低于1:1，一般认为大于2:1较为合适。但是，对于公司和股东而言，并不是这一比率越高越好。流动比率过大，并不一定表示财务状况良好，尤其是由于应收账款和存货余额过大而引起的流动比率过大，则对财务健全不利；一般认为这一比率超过5:1，则意味着公司的资产未得到充分利用。如果将流动比率与营运资金结合起来分析，有助于观察公司未来的偿债能力。

例如：根据第七章资产负债表7-2的相关资料，某企业的流动比率 = 504 000 ÷ 872 000 = 0.58。说明该公司的短期偿债能力不强，营运资金不充足。

#### （二）速动比率

速动比率又称酸性测验比率，是用以衡量公司到期清算能力的指标。其计算公式为：

速动比率 = 速动资产 ÷ 流动负债

可以迅速转换成为现金或已属于现金形式的资产，计算方法为流动资产减去变现能力较差且不稳定的存货、预付账款、一年内到期的非流动资产和其他流动资产等之后的余额。也就是说，存货、预付账款、一年内到期的非流动资产和其他流动资产不属于速动资产。其计算公式也可以采用加法方式得到：

速动资产＝货币资金＋交易性金融资产＋应收票据＋应收账款等

投资者通过分析速动比率，可以测知公司在极短时间内取得现金偿还短期债务的能力。一般认为速动比率最低限为0.5:1，如果保持在1:1，则流动负债的安全性较有保障。因为当此比率达到1:1时，即使公司资金周转发生困难，也不致影响即时的偿债能力。

例如：根据第七章资产负债表7-2的相关资料，某企业的速动比率＝（504 000－220 000－40 000）÷872 000＝0.28。说明该公司的到期清算能力不强，营运资金不充足。

### （三）股东权益对负债比率

股东权益对负债比率表示公司每100元负债中，有多少自有资本抵偿，即自有资本占负债的比例。该比率越大，表明公司自有资本越雄厚，负债总额小，债权人的债权越有保障；反之，公司负债越重，财务可能陷入危机，可能无力偿还债务。股东权益对负债比率的计算公式为：

股东权益对负债比率＝股东权益÷负债总额×100%

例如：根据第七章资产负债表7-2的相关资料，某企业的股东权益对负债比率＝1 148 000÷952 000×100%＝120.59%。

## 三、成长能力比率

成长能力比率可用来测知公司扩展经营的能力。上述偿债能力比率在一定意义上也可用来测知公司扩展经营的能力。因为安全性乃是收益性、成长性的基础，公司偿债能力比率的指标合理，财务结构才健全，才有可能扩展经营；否则，如果偿债能力弱，则很难想象公司有余力去扩展经营。至于举债经营比率、固定资产对长期负债比率，则更是公司外部的成长性比率指标。公司举债经营比率高，说明公司的信誉高，债权人乐于向它投资，公司可以靠举债获得更多资金扩展经营；而如果固定资产对长期负债比率高，也表明其尚有余力借入更多的长期债务用于扩展经营。反映公司内部性的扩展经营能力的比率则主要有利润留存率和再投资率。

### （一）利润留存率

利润留存率表明公司的税后利润（盈利）有多少用于发放股利，多少用于留存收益和扩展经营。其比率越高，表明公司越重视发展的后劲，不致因分发股

## 第八章 财务报表分析

利过多而影响公司未来的发展；比率越低，则表明公司经营不顺利，不得不动用更多的利润去弥补损失，或者分红太多，发展潜力有限。计算公式为：

利润留存率 =（税后利润 - 应发股利税后利润）÷ 税后利润 × 100%

例如：根据第七章利润表 7-6 的相关资料，并假定某企业的应发股利税后利润为 383 200 元，则该企业的利润留存率 =（583 200 - 383 200）÷ 583 200 × 100% = 34.29%。

### （二）再投资率

再投资率也称内部成长性比率。这一比率表明公司用其盈余所得再投资以支持公司成长的能力。公式中的股东盈利保留率即股东盈利减股息支付的差额与股东盈利的比率。股东盈利则指每股盈利与普通股发行数的乘积，实际上就是普通股的净收益。这一比率越高，公司扩大经营的能力则越强。其计算公式为：

再投资率 = 税后利润股东权益 × 股东盈利 - 股息支付股东盈利
       = 资本报酬率 × 股东盈利保留率

## 四、周转能力比率

周转能力比率也称活动能力比率，它是分析公司经营效应的指标。

### （一）应收账款周转率

由于应收账款是指未取得现金的销售收入，所以用应收账款周转率可以测知公司应收账款金额是否合理以及收款效率高低。这一比率是应收账款每年的周转次数。如果用一年的天数即 365 天除以应收账款周转率，便求出应收账款每周转一次需多少天，即应收账款转为现金平均所需要的时间。其算法为：应收账款变现平均所需时间 = 一年天数应收账款年周转次数应收账款周转率越高，每周转一次所需天数越短，表明公司收账越快，应收账款中包含旧账的账项越小；反之，周转率太小，每周转一次所需天数太长，则表明公司应收账款的变现过于缓慢，以及应收账款的管理缺乏效率。应收账款周转率的计算公式为：

应收账款周转率 = 销售收入 ÷（期初应收账款 + 期末应收账款）÷ 2
            = 销售收入 ÷ 平均应收账款

例如：根据第七章资产负债表 7-2、利润表 7-6 的相关资料，某企业的应收账款周转率 = 3 360 000 ÷（80 000 + 112 000）÷ 2 = 17.5。

## （二）存货周转率

公司持有存货的目的在于销售并实现利润，因而在存货与销货之间，必须保持合理的比率。存货周转率正是衡量公司销货能力强弱和存货是否过多或短缺的指标。其比率越高，说明存货周转速度越快，公司控制存货的能力越强，则利润率越大，营运资金投资于存货上的金额越小；反之，则表明存货过多，不仅使资金积压，影响资产的流动性，还增加仓储费用与产品损耗和过时。存货周转率的计算公式为：

存货周转率 = 销售成本 ÷（期初存货 + 期末存货）÷ 2
     = 销售成本 ÷ 平均商品存货

例如：根据第七章资产负债表 7-2、利润表 7-6 的相关资料，某企业的存货周转率 = 1 940 000 ÷（220 000 + 256 000）÷ 2 = 40.76%。

## （三）固定资产周转率

固定资产周转率表示固定资产全年的周转次数，用以测知公司固定资产的利用效率。其比率越高，表明固定资产周转速度越快，固定资产的闲置越少；反之则不然。当然，这一比率也不是越高越好，太高则表明固定资产过分投资，会缩短固定资产的使用寿命。固定资产周转率的计算公式为：

固定资产周转率 = 销售收入 ÷（期初固定资产 + 期末固定资产）÷ 2

例如：根据第七章资产负债表 7-2、利润表 7-6 的相关资料，某企业的固定资产周转率 = 3 360 000 ÷（1 036 000 + 1 360 000）÷ 2 = 14.06。

## （四）资本周转率

运用资本周转率，可以分析相对于销售营业额而言，股东所投入的资金是否得到充分利用。资本周转率越高，表明资本周转速度越快，运用效率越高。但如果比率过高，则表示公司过分依赖举债经营，即自有资本少。资本周转率越低，则表明公司的资本运用效率越差。资本周转率又称净值周转率。其计算公式为：

资本周转率 = 销售收入 ÷（期初股东权益 + 期末股东权益）÷ 2

例如：根据第七章资产负债表 7-2、利润表 7-6 的相关资料，某企业的资本周转率 = 3 360 000 ÷（1 324 800 + 1 148 000）÷ 2 = 1.36。

## 第八章 财务报表分析

### (五) 资产周转率

总资产周转速度是衡量公司总资产是否得到充分利用的指标,它意味着总资产利用效率的高低。资产周转率的计算公式为:

资产周转率 = 销售收入 ÷ 资产总额

例如:根据第七章资产负债表 7-2、利润表 7-6 的相关资料,某企业的资产周转率 = 3 360 000 ÷ 2 800 000 = 1.2。

## 五、现金流量分析

现金流量表是将企业的经营活动统一为现金流量这一概念,排除了由于行业和性质不同而产生的对企业支付能力、偿债能力的影响。通过现金流量分析,可以判断企业获取现金的能力。现金余款是企业现金流动的结果,并不表明现金流量的大小,通过对现金流量表进行现金流量分析,能够对企业占有现金的能力做出判断,也可以评价企业盈利的质量。利润是按权责发生制计算的,用于反映当期的财务成果,利润不代表真正实现的收益,利润表上的利润满足不了企业的资金需要。另外,由于受到存货、应收账款等资产变现能力的影响,即使企业在前述分析中有着良好的流动比率或速动比率,但也可能出现企业经营处于困境的状况。盈利企业仍然有可能发生财务危机,高质量的盈利必须有相应的现金流做保证,这就是为什么人们更重视现金流量的原因。因此,以现金为基础分析企业的运营情况有着重要的意义。

**1. 现金流量充足率分析**

现金流量充足率是衡量企业用其经营活动现金流量净额满足投资活动资金需求的能力。其计算公式为:

现金流量充足率 = 经营活动现金流量净额 ÷ 投资活动现金流量净额

该指标大于 1,说明营业活动现金收入能够满足投资活动资金需求;反之,则需要企业考虑相应的筹资渠道。

**2. 现金偿债能力分析**

(1) 现金流动负债比率。这一比率可以反映企业经营活动获得现金偿还短期债务的能力,比率越大,说明偿债能力越强。其计算公式为:

现金流动负债比率 = 经营活动现金流量净额 ÷ 流动负债 × 100%

(2) 现金债务总额比率。该比率反映用经营活动中所获得的现金偿还全部债务的能力，反映企业每 1 元到期的负债有多少经营活动现金流量补充。这个比率越大，说明企业承担债务的能力越强。其计算公式为：

现金债务总额比率 = 经营活动现金流量净额 ÷ 债务总额 × 100%

**3. 现金获利能力**

（1）全部资产现金回收率。全部资产现金回收率指企业经营活动现金流量与资产总额的比率，反映企业资产的现金回报情况。其计算公式为：

全部资产现金回收率 = 经营活动现金流量净额 ÷ 资产总额 × 100%

（2）销售现金率。销售现金率是企业经营活动现金流量净额与销售收入净额的比率。其计算公式为：

销售现金率 = 经营活动现金流量净额 ÷ 销售净额 × 100%

该比率反映每 1 元销售收入收回现金的比率。该比率越高，说明现金回款情况越好。

（3）现金利润率。现金利润率是净利润与经营活动现金流量净额之比，反映活动创造利润的能力。其计算公式为：

现金利润率 = 净利润 ÷ 经营活动现金流量净额 × 100%

## 案例思考

**资料**

高金食品股份有限公司是中国证券市场股权分置改革后四川省内首家登陆国内资本市场的上市公司，是一家集优质生猪繁育、养殖、屠宰、分割、冷藏加工、鲜销连锁、罐头食品生产、猪肉制品精深加工和进出口贸易、房地产开发于一体的全国大型猪肉食品综合加工企业。公司总部位于中国四川省遂宁市，下辖宜宾高金、广元高金、什邡高金、泸州高金、高金牧业、高金翔达、黑龙江鸡西高金、吉林松原高金、吉林公主岭高金、湖北高金、河南高金、兰州高金、高金进出口贸易公司、高金房地产开发公司等 20 多家子公司，员工万余人。公司营销网络体系健全，旗下子公司遍布四川、东北、华中、西北，养殖、加工基地、鲜销连锁辐射全国。在全国各大城市设有 50 多个办事处、数千个猪肉连锁店和专柜，并远销俄罗斯、吉尔吉斯斯坦、韩国、新加坡等 30 多个国家和地区，深受国内外消费者的欢迎。

# 第八章 财务报表分析

## （一）2010年高金食品的资产负债表

编制单位：四川高金食品股份有限公司　2010年12月31日　　　　　　　　　单位：（人民币）元

| 项目 | 期末余额 | | 年初余额 | |
|---|---|---|---|---|
| | 合并 | 母公司 | 合并 | 母公司 |
| 流动资产： | | | | |
| 　货币资金 | 159 598 305.32 | 95 507 212.53 | 175 845 936.29 | 133 422 325.39 |
| 　结算备付金 | | | | |
| 　拆出资金 | | | | |
| 　交易性金融资产 | | | | |
| 　应收票据 | | | | |
| 　应收账款 | 37 265 118.50 | 15 554 514.32 | 58 111 017.16 | 25 983 728.58 |
| 　预付款项 | 29 227 857.86 | 3 287.03 | 131 652 312.96 | 4 169 318.49 |
| 　应收保费 | | | | |
| 　应收分保账款 | | | | |
| 　应收分保合同准备金 | | | | |
| 　应收利息 | | | | |
| 　应收股利 | | 74 200 647.03 | | 74 200 647.03 |
| 　其他应收款 | 20 794 490.91 | 393 899 502.98 | 20 014 111.06 | 246 589 289.08 |
| 　买入返售金融资产 | | | | |
| 　存货 | 418 776 215.02 | 31 624 072.93 | 196 988 929.24 | 100 875 335.84 |
| 　一年内到期的非流动资产 | | | | |
| 　其他流动资产 | | | | |
| 　　流动资产合计 | 665 661 987.61 | 610 789 236.82 | 582 612 306.71 | 585 240 644.41 |
| 非流动资产： | | | | |
| 　发放贷款及垫款 | | | | |
| 　可供出售金融资产 | | | | |
| 　持有至到期投资 | | | | |
| 　长期应收款 | | | | |
| 　长期股权投资 | 144 500 000.00 | 527 158 869.90 | 144 500 000.00 | 535 909 369.90 |
| 　投资性房地产 | | | | |
| 　固定资产 | 479 524 712.28 | 80 446 725.19 | 370 320 110.49 | 81 606 301.21 |
| 　在建工程 | 11 450 057.67 | 377 364.40 | 44 024 885.48 | 737 507.60 |
| 　工程物资 | 4 437.90 | | 588 365.84 | 38 136.01 |
| 　固定资产清理 | | | | |
| 　生产性生物资产 | 3 211 891.83 | | 3 531 462.47 | |
| 　油气资产 | | | | |

续表

| 项目 | 期末余额 合并 | 期末余额 母公司 | 年初余额 合并 | 年初余额 母公司 |
|---|---|---|---|---|
| 无形资产 | 195 513 903.71 | 30 089 620.50 | 222 673 713.49 | 29 463 740.67 |
| 开发支出 | | | | |
| 商誉 | 89 094.70 | | 89 094.70 | |
| 长期待摊费用 | 199 022.81 | | 10 233.80 | |
| 递延所得税资产 | 126 847.49 | | 176 244.47 | |
| 其他非流动资产 | | | | |
| 非流动资产合计 | 834 619 968.39 | 638 072 579.99 | 785 914 110.74 | 647 755 055.39 |
| 资产总计 | 1 500 281 956.00 | 1 248 861 816.81 | 1 368 526 417.45 | 1 232 995 699.80 |
| 流动负债： | | | | |
| 短期借款 | 548 777 952.00 | 534 777 952.00 | 532 660 000.00 | 532 660 000.00 |
| 向中央银行借款 | | | | |
| 吸收存款及同业存放 | | | | |
| 拆入资金 | | | | |
| 交易性金融负债 | | | | |
| 应付票据 | | | 4 000 000.00 | 4 000 000.00 |
| 应付账款 | 48 280 172.84 | 4 948 071.28 | 27 771 763.21 | 3 261 960.18 |
| 预收款项 | 18 377 222.41 | 7 371 341.00 | 18 006 225.40 | 10 052 011.08 |
| 卖出回购金融资产款 | | | | |
| 应付手续费及佣金 | | | | |
| 应付职工薪酬 | 16 179 731.00 | 3 251 093.71 | 14 772 048.07 | 2 741 157.74 |
| 应交税费 | −70 966 650.91 | −9 414 830.66 | −68 441 225.42 | −15 142 184.29 |
| 应付利息 | | | | |
| 应付股利 | 355 223.38 | | 734 650.77 | |
| 其他应付款 | 219 106 195.48 | 220 649 078.32 | 134 394 973.36 | 187 916 730.29 |
| 应付分保账款 | | | | |
| 保险合同准备金 | | | | |
| 代理买卖证券款 | | | | |
| 代理承销证券款 | | | | |
| 一年内到期的非流动负债 | 2 000 000.00 | 2 000 000.00 | 10 000 000.00 | 10 000 000.00 |
| 其他流动负债 | | | | |
| 流动负债合计 | 782 109 846.20 | 763 582 705.65 | 673 898 435.39 | 735 489 675.00 |
| 非流动负债： | | | | |
| 长期借款 | | | 2 000 000.00 | 2 000 000.00 |
| 应付债券 | | | | |

## 第八章 财务报表分析

续表

| 项目 | 期末余额 合并 | 期末余额 母公司 | 年初余额 合并 | 年初余额 母公司 |
| --- | --- | --- | --- | --- |
| 长期应付款 | | | | |
| 专项应付款 | | | | |
| 递延收益 | 134 909 087.44 | 74 636 344.44 | 127 437 421.80 | 76 011 619.78 |
| 预计负债 | | | | |
| 递延所得税负债 | | | | |
| 其他非流动负债 | | | | |
| 非流动负债合计 | 134 909 087.44 | 74 636 344.44 | 129 437 421.80 | 78 011 619.78 |
| 负债合计 | 917 018 933.64 | 838 219 050.09 | 803 335 857.19 | 813 501 294.78 |
| 所有者权益（或股东权益）： | | | | |
| 实收资本（或股本） | 160 500 000.00 | 160 500 000.00 | 160 500 000.00 | 160 500 000.00 |
| 资本公积 | 187 453 769.88 | 195 534 655.50 | 187 448 766.07 | 195 534 655.50 |
| 减：库存股 | | | | |
| 专项储备 | | | | |
| 盈余公积 | 15 203 346.75 | 15 203 346.75 | 15 203 346.75 | 15 203 346.75 |
| 一般风险准备 | | | | |
| 未分配利润 | 74 364 416.84 | 39 404 764.47 | 96 652 580.65 | 48 256 402.77 |
| 外币报表折算差额 | | | | |
| 归属于母公司所有者权益合计 | 437 521 533.47 | 410 642 766.72 | 459 804 693.47 | 419 494 405.02 |
| 少数股东权益 | 145 741 488.89 | | 105 385 866.79 | |
| 所有者权益合计 | 583 263 022.36 | 410 642 766.72 | 565 190 560.26 | 419 494 405.02 |
| 负债和所有者权益总计 | 1 500 281 956.00 | 1 248 861 816.81 | 1 368 526 417.45 | 1 232 995 699.80 |

法定代表人：金翔宇　　　　　财务负责人：陈熙　　　　　会计机构负责人：周蓉

### （二）2010年高金食品的利润表

编制单位：四川高金食品股份有限公司　　2010年1～12月　　　　　单位：（人民币）元

| 项目 | 本期金额 合并 | 本期金额 母公司 | 上期金额 合并 | 上期金额 母公司 |
| --- | --- | --- | --- | --- |
| 一、营业总收入 | 1 981 683 127.30 | 842 544 818.52 | 1 631 692 413.96 | 524 005 406.65 |
| 其中：营业收入 | 1 981 683 127.30 | 842 544 818.52 | 1 631 692 413.96 | 524 005 406.65 |
| 利息收入 | | | | |
| 已赚保费 | | | | |

续表

| 项目 | 本期金额 | | 上期金额 | |
|---|---|---|---|---|
| | 合并 | 母公司 | 合并 | 母公司 |
| 手续费及佣金收入 | | | | |
| 二、营业总成本 | 2 066 025 438.55 | 906 853 047.58 | 1 631 242 466.44 | 537 029 614.78 |
| 其中：营业成本 | 1 898 783 020.85 | 839 574 297.24 | 1 506 561 401.11 | 482 978 379.98 |
| 利息支出 | | | | |
| 手续费及佣金支出 | | | | |
| 退保金 | | | | |
| 赔付支出净额 | | | | |
| 提取保险合同准备金净额 | | | | |
| 保单红利支出 | | | | |
| 分保费用 | | | | |
| 税金及附加 | 1 738 396.84 | 336 163.03 | 979 433.01 | 100 629.83 |
| 销售费用 | 82 989 307.56 | 21 835 684.55 | 58 542 328.16 | 15 106 686.24 |
| 管理费用 | 52 700 771.97 | 18 775 254.12 | 43 639 964.40 | 17 476 060.47 |
| 财务费用 | 29 486 248.66 | 19 153 880.06 | 15 335 797.67 | 15 533 045.94 |
| 资产减值损失 | 327 692.67 | 7 177 768.58 | 6 183 542.09 | 5 834 812.32 |
| 加：公允价值变动收益（损失以"－"号填列） | | | | |
| 投资收益（损失以"－"号填列） | 10 316 839.80 | 18 610 357.87 | 209 000.00 | 209 000.00 |
| 其中：对联营企业和合营企业的投资收益 | | | | |
| 汇兑收益（损失以"－"号填列） | | | | |
| 三、营业利润（亏损以"－"号填列） | －74 025 471.45 | －45 697 871.19 | 658 947.52 | －12 815 208.13 |
| 加：营业外收入 | 44 509 136.40 | 37 627 389.11 | 7 548 856.90 | 4 132 150.13 |
| 减：营业外支出 | 2 484 462.29 | 781 156.22 | 1 997 901.46 | 969 326.58 |
| 其中：非流动资产处置损失 | 328 562.59 | | 317 514.62 | 133 192.18 |

## 第八章 财务报表分析

续表

| 项目 | 本期金额 | | 上期金额 | |
|---|---|---|---|---|
| | 合并 | 母公司 | 合并 | 母公司 |
| 四、利润总额（亏损总额以"-"号填列） | -32 000 797.34 | -8 851 638.30 | 6 209 902.96 | -9 652 384.58 |
| 减：所得税费用 | 193 454.49 | | 143 311.82 | |
| 五、净利润（净亏损以"-"号填列） | -32 194 251.83 | -8 851 638.30 | 6 066 591.14 | -9 652 384.58 |
| 归属于母公司所有者的净利润 | -22 288 163.81 | -8 851 638.30 | 7 116 610.37 | -9 652 384.58 |
| 少数股东损益 | -9 906 088.02 | | -1 050 019.23 | |
| 六、每股收益 | | | | |
| （一）基本每股收益 | -0.1389 | -0.0552 | 0.0443 | -0.0601 |
| （二）稀释每股收益 | -0.1389 | -0.0552 | 0.0443 | -0.0601 |
| 七、其他综合收益 | 5 003.81 | | | |
| 八、综合收益总额 | -32 189 248.02 | -8 851 638.30 | 6 066 591.14 | -9 652 384.58 |
| 归属于母公司所有者的综合收益总额 | -22 283 160.00 | -8 851 638.30 | 7 116 610.37 | -9 652 384.58 |
| 归属于少数股东的综合收益总额 | -9 906 088.02 | | -1 050 019.23 | |

法定代表人：金翔宇　　　　财务负责人：陈熙　　　　会计机构负责人：周蓉

**思考题**

根据高金食品2010年度的资产负债表和利润表，充分运用财务指标计算并分析公司在2010年的获利能力、偿债能力、成长能力和周转能力。